子どもが育つ学級をつくる

「仕掛け」の技術

**3つの
ステップで、
自律と協働を！**

若松俊介［著］

学陽書房

はじめに

　2021年1月に、中央教育審議会から「『令和の日本型学校教育』の構築を目指して〜全ての子供たちの可能性を引き出す、個別最適な学びと、協働的な学びの実現〜」という答申が出されました。

　そこには、令和を生きる「子どもたちが育むべき資質・能力」として、

> 　このように急激に変化する時代の中で、我が国の学校教育には、一人一人の児童生徒が、自分のよさや可能性を認識するとともに、あらゆる他者を価値のある存在として尊重し、多様な人々と協働しながら様々な社会的変化を乗り越え、豊かな人生を切り拓き、持続可能な社会の創り手となることができるよう、その資質・能力を育成することが求められている。

と書かれています。読者のみなさんは、これらを読んでどのようなことを感じられたでしょうか。

　一人ひとりの児童生徒が、

- 自分のよさや可能性を認識する
- あらゆる他者を価値のある存在として尊重する
- 多様な人々と協働する

……といったことは、決して「これからの時代」にだけ大事なことではありません。時代を問わず大事にされるべきことです。

　この答申の副題に書かれている「全ての子供たちの可能性を引き出す、個別最適な学びと、協働的な学びの実現」は、本書で育てたい自律

性や協働性とも大きく重なります。「自律」や「協働」は今後の教育を考えていく上で、さらに重要なものになるでしょう。

　子どもたちの自律性と協働性の力を育てるためには、「信じる」、「認める」、「任せる」、「つなげる」……といったことが大切だといわれています。ただ、あまりにも抽象的すぎて、どうすればよいのかわからずに悩んでいる先生も多いのではないでしょうか。

　実際、「子どもたちに任せるのがいいのね」と安易に考えて、単なる放任になってしまっている学級もよくみられます。また、思うようにいかなくて「やっぱり教師がどんどん仕切っていかないと」と方向転換してしまう話も聞きます。私自身、何度もこうした道をたどってきました。

　本書では、子どもたちの自律性と協働性を育てるために必要な仕掛けを3つのステップで示しています。「技」や「方法」とせずに「仕掛け」としているのは、あまり目立たない指導や支援を目指しているからです。子どもたちの自律性と協働性を育てようとしている先生を支えるものになればいいなと思います。

　また、自律性と協働性を育てることは、子どもたちが「自分たちの過ごす学級をよりよくしていこう」とする力を育てることにもつながります。答申にある「豊かな人生を切り拓き、持続可能な社会の創り手となることができるよう」とも重なります。学級経営に悩んでいる先生も本書からヒントを得ることができるでしょう。

　ただし、本書に書かれていることが「正解」ではありません。よりよい支援や指導のあり方については、私も日々追究しています。読者のみなさまとも共に追究していくことができればうれしいです。どうぞよろしくお願い致します。

2021年8月吉日

若松　俊介

第1章 仕掛けとは？

1 子どもが育つ学級をつくる仕掛けとは？ ……… 10

2 なぜ自律性と協働性を育てる仕掛けが大切？ ……… 12

3 学級で大事にしている「自律」と「協働」の姿 ……… 14

4 ３つのステップでできる！
自律性を育てる仕掛け ……… 16

5 ３つのステップでできる！
協働性を育てる仕掛け ……… 18

第2章 学級経営で自律性を育てる仕掛け

1 まず自然と行っている行動を見つけて価値づける ……22

ステップ1 問いかける

2 大事なことは言わずに問いかける ……… 26

ステップ2 チャレンジする場を用意する

3 小さな目標を一緒に決める ……… 30

4 新たなことにチャレンジできる場を用意する ……… 34

ステップ3 ふり返る場をつくる

5 少しの成長を見つけてフィードバックする ……… 36

6 ふり返る場をたくさん用意する ……… 38

7 保護者と共に子どものよいところを見つける ……… 42

第3章 授業や学習で自律性を育てる仕掛け

1 まず「わからない」が出るようにする ……… 46

ステップ1 問いかける

2 挙手関係なしに考えを聴く ……… 50

3 「問い」に注目できるようにする ……… 54

4 自然な「問い」を大切にする ……… 56

ステップ2 チャレンジする場を用意する

5 一人ひとりの立場をつくる ……… 60

6 自己選択できる学習スタイル ……… 64

7 自己選択できる宿題計画 ……… 68

ステップ3 ふり返る場をつくる

8 ふり返ることで「個」の学びに戻す ……… 72

9 学習の評価基準を子どもたちと考える ……… 74

10 テストを生かす ……… 76

第4章 学級経営で協働性を育てる仕掛け

1 まず子どもたちのつながりの状態を把握する ········· 82

ステップ1 子ども同士が関わる場を増やす

2 簡単な会話の場をつくる ······················· 84

3 遊びでつなぐ ····························· 86

4 「知らないふり」をして子ども同士をつなぐ ·········· 88

5 ビジョンを共有する問いかけをする ·············· 90

協働できる活動

6 毎週班替え ····························· 92

7 有意義な係活動 ························· 94

8 パワーアッププロジェクト ···················· 96

第5章 授業や学習で協働性を育てる仕掛け

ステップ2 目的を共有する場をつくる

1 ペア・グループでの学びの場をつくる ··············· 100

2 同じところに注目して考えている子同士を
グルーピングする ························· 102

3 違うところに注目して考えている子同士を
グルーピングする ························· 104

4 話し合いの中で自然と生まれた声を拾って
価値づける ································· 106

5 子どもたちの考えのつながりを見つけて
価値づける ································· 108

6 子どもたちの考えを比べて話題をつくる ·········· 110

ステップ**3** ふり返る場をつくる

7 「学び合う」ことについてふり返る場をつくる ······· 112

8 「うまくいかない」場をつくる ················ 114

9 少数の立場の意見を価値づける ··············· 116

10 子どもの思考を学習内容とつなげて見取る ········· 118

第**6**章 **教師として大切にしたい心構え**

1 子どもたちとの毎日を楽しむ ················· 122

2 「みんな一緒」を求めない ·················· 124

3 子どもたちを「変えよう」としない ············· 126

4 基本的に叱らない ······················ 128

5 「ありがとう」を伝える ··················· 130

6 1日の最後にふり返る ···················· 132

第1章

仕掛けとは？

❶子どもが育つ学級を つくる仕掛けとは？

 子どもたちが毎日過ごす学級

　学級は、子どもたちにとって一つの小さな「社会」です。自分と違う価値観の人に出会えたり、物事の仕組みやルールを考えたり……と、多くのことを学びます。うまくいくことばかりではありません。

　むしろうまくいかないことの方が多いでしょう。日々、子どもたちは学級内で試行錯誤しながら成長していきます。

　そもそも学級とは、「学校教育における児童・生徒の単位集団」（大辞林）のことです。おそらく、同一学年の子どもたちで編成されていることが多いでしょう。小学校であれば、最低でも1年間はその学級が固定されたままです。

　子どもたちは1日の大半を学級で過ごすことになります。日によって環境が変わることはありません。どうせ毎日を過ごさなくてはならないのであれば、なるべく楽しく過ごしたいものです。

 子どもの成長につながる仕掛けを考える！

　「学級経営」と聞いて、みなさんはどのようなことを想像しますか。「教師が子どもたちをまとめていく」、「子どもたちが成長するような学級をつくる」など、それぞれ思い浮かべることは違うでしょう。

そもそも、学級経営とは、「小学校・中学校で、学級担任が教育の効果を高めるために学級でさまざまな活動を工夫し、実践すること」（大辞林）とあります。古くは1910年代からこの言葉が存在しており、たえず研究・実践が全国の学級で積み重ねられてきています。

私自身、「経営」という言葉自体には少し違和感を持っています。ただ、「さまざまな活動を工夫し、実践すること」は、まさに本書のタイトルである「教師の仕掛け」のことです。**子どもたちの成長につながる「仕掛け」を考えていくことが本書における学級経営です。**

教師の役割とは？

「学級経営」と聞くと、頑張るのは教師だと思う方が多いのではないでしょうか。実際、私も「子どもたちがうまく動く仕組みを考えないと……」と悩むことが多くありました。

ただ、教師だけが頑張ると、子どもたちはどんどん他人事になってしまいます。**実際、子どもたちの日々の生活や社会をより良くするのは子どもたち自身です。だからこそ、子どもたちの自分事へとつなげていく必要があります。**

今回、あえて「仕掛け」と書いているのは、「教師が目立たない支援や指導」を意識できるようにするためです。子どもたちの自律性や協働性を育てるためには、教師が目立ってはいけません。子どもたち自身が、自分たちでできるようになることを増やしていくためにできる支援や指導が本書における「仕掛け」となります。

子どもたちが中心になって進めていくとうまくいかないことも出てきます。試行錯誤を経ながら、自分たちの幸せを自分たちでつくっていけるような姿を支えたり、次のステップにつながる仕掛けをつくったりすることが教師の役割として大切になります。

ポイント 子どもたちの成長につながる「仕掛け」を考えていこう

❷なぜ自律性と協働性を育てる仕掛けが大切？

なぜ子どもの「自律」が大切？

　自分の人生の主役は自分自身です。それは、子どもも大人も同じです。自律性がきちんと育っていないと、誰かに委ねることが多くなります。また、うまくいかないことが起きると、すぐに誰かのせいにしてしまうでしょう。これでは他者に依存した人生となってしまいます。

　しかし、**自律性が育っていると、自分の人生を自分で切り拓いていくことができます**。うまくいかないことが起きても、さらに自分の頭で考え、工夫しながら対応していくことができます。

　今、世の中は「正解のない時代」といわれています。「こうすればうまくいく」という絶対の正解がありません。また、「みんな同じ」よりも、「人と違う」ことが重要視されるようになりました。価値観の多様化が生き方の多様化にもつながっています。誰かの真似をして生きていればいいという訳にもいかなくなりました。「自律が大切」というのは、子どもだけの話ではありません。

　大人になれば急に自律性が育つというわけではありません。むしろ誰かに委ねた期間が長ければ長いほど、自律性はどんどん失われていきます。子どもの頃から自律性を育てていくことで、社会に出てからも自分で自分の人生をよりよくしていくことができるでしょう。

なぜ学級での「協働」が大切？

　学校生活では、1人で活動する時間よりも、他者と共に活動する時間の方が多いです。授業、給食当番、掃除などの場面で互いの「協働」がなければ、うまくいかないことが多く出てきます。

　職員室や家族、社会でも、一人ひとりが協働して物事に取り組むほうが、より成果をあげたり充実感を得られたりします。

　「学級での協働が大切」という狭い次元の話ではなく、人として生きる上で協働性が必要になります。

　「正解のない時代」だからこそ、自律した人同士が協働することによって、新たな価値を見つけていくことができます。「自律」「協働」が「創造」につながります。1人だけで考えられること、できることには限りがあるからこそ、「協働」は欠かせないものになるでしょう。

　子どもたちが、「何か目的を達成する時には協働することが大切だ」と実感し、どのような環境でも自分以外の他者と関わりながらよりよくしていくことを学んでいくと、学級を離れて社会に出ても、自分の生活をよりよくしていったり何か物事を成し遂げたりしやすくなります。

自律性と協働性を育てる○○○○○仕掛け

　みなさんなら○○○○○にどのような言葉を入れますか。私は、「目立たない」という言葉を入れます。教師の仕掛けが目立ってしまうと、うまくいったことや成長したことも「教師のおかげ」になってしまいます。

　子どもたちが、自分（たち）で成長することができたと思えるような仕掛けを用意することで、その後も自分（たち）で成長していくことを大切にしようとします。絶えず今後の成長につながる仕掛けを意識していきます。

ポイント 社会に出た時のことを意識して、自律性と協働性を育てよう

❸ 学級で大事にしている 「自律」と「協働」の姿

◆ 自分で考えて、決めて、行動する！

　私が大事にしている「自律」の姿とは、「自分のことを律して行動する」姿です。学校生活のあらゆる場面において、自分のルールを持ち、自分自身で考えて、決めて、行動するということです。

　自律的に行動する子は、「どうすればうまくいくだろう」、「こうしてみようかな」と、自分の頭で考えることを大切にします。すぐに周りの人に頼ろうとはしません。

　一方で、自律的に行動できない子は、「先生に言われるから」、「どうすればいいかすぐに聞いてくる」、「他人の指示にただ従うだけ」となります。自分で自分自身の行動を考えることができません。「指示してくれる誰か」を求めたり、うまくいかないことを誰かのせいにしてしまったりします。

　自分自身で考えて、決めて、行動すると、うまくいかないことも多く出てきます。そこから「次はこうしてみよう」、「もっとこうしてみようかな」と工夫して行動し続けることで、自分のルールや行動がよりよくなっていきます。

　このように行動することのよさを子どもたち自身が実感していくことで、自律的に行動することの大切さを理解するでしょう。

他者と力を合わせて取り組む！

　私が大事にしている「協働」の姿とは、「（2人以上の人が、）同じ目的に向かって、力を合わせて物事に取り組む」姿です。

　学校生活のあらゆる場面において、元々違った個性や能力を持つ子同士が、お互いのよさを生かしながら同じ目的に向かって、物事に取り組むということです。

　学級のメンバー一人ひとりが孤立していたり、他者と関われなかったりすると、物事がうまく進まなかったり、学級での生活が充実しなかったりします。1人でできることには限りがあるからこそ、力を合わせることを大切にします。

　ただし、これは決して、「力を合わせなければならない」ということではありません。そうなると、どこか息苦しさを感じてしまう子もいるでしょう。1人で物事に取り組みたい時だってあります。

　他者と共に物事に取り組むよさを子どもたち自身が実感していることで、「協働」することを大切にしようとするでしょう。

 ## 「自律」と「協働」はつながっている！

　自律的に子ども同士が協働することで新たな価値を生み出すことができます。「こうしてみよう」、「もしかしたらこうするとうまくいくかもよ」といった考えや行動であふれます。誰かに依存している子同士が関わり合っても、「人任せ」の場面が多く見られるだけで終わってしまいます。

　「自律」と「協働」は切っても切り離せない関係です。

　だからこそ、同時にこれらの力が育っていくように支援していく必要があります。教師によるさまざまな「仕掛け」もその手段の1つです。

ポイント 　「自律」と「協働」のつながりを意識して仕掛けを考えよう

❹ 3つのステップでできる! 自律性を育てる仕掛け

◆ 自律性を育てる仕掛け　ステップ1

　まずは、「問いかける」ことから始めます。子どもたちと出会った当初は、子どもたちの自律性が足りない場面が多く見られると思います。「もっとこうすれば……」、「なんでこうしないの」と言いたくなることが出てくるでしょう。でも、それをそのまま口には出しません。

　そのかわりに、子どもたちに「どうしよう？」、「どうしたい？」、「どうすればうまくいくだろう？」と問いかけます。問いかけられたことについて、子どもたちは自分の言葉で話そうとします。これは、自分の頭で考える第一歩となります。

　最初はうまく自分の言葉で話せない子が多いでしょう。

　しかし、それで構いません。「こう答えてほしい」と教師が求めてしまうと、結局は「こうしなさい」と言っているのと同じことになります。

　ステップ1では、まず子どもたちのありのままの姿を大切にします。ひたすら「待ち」の姿勢を崩しません。

　すると、少しずつ、「こうしてみよう」、「こうしてみたい」、「こうすればいいのではないか」という言葉が子どもたちから出てきます。言葉に出して終わるのではなく、行動にもつなげようとします。

　うまくいくかいかないかは、それほど気にしません。教師から問いかけることによって、自分で考えたり、行動したりすることが子どもたち

にとってクセになるようにします。このクセがステップ2や3を支える土台となります。

 ## 自律性を育てる仕掛け　ステップ2

次に、「チャレンジする場を用意する」ようにします。

できるだけ多く用意します。ステップ1で自分の頭で考えられるようになったことを生かせるようにするためです。

「こうすればうまくいくかも」、「こうしてみよう」と思ったことを行動に移すことは簡単ではありません。これまでこうした経験がなければ尚更難しいでしょう。そこで、その難しさを取り除くようなチャレンジする場が必要になります。

チャレンジする場は、本当に小さなことで構いません。大事なのは、行動してみることです。行動してみて気づくことが多いはずです。

新しい世界に飛び込むことに対して、子どもたちがおびえないように仕掛けます。

 ## 自律性を育てる仕掛け　ステップ3

最後に、「ふり返る場をつくる」ようにします。「こうしてみよう」、「こうすればいいのではないか」と行動するだけでは行き当たりばったりで終わってしまいます。行動やその行動を支えた思考をふり返ることによって、次にどうすればよいかを見つけていくことができます。

このふり返りの際には、自分で自分自身に問いかけます。最初は教師が子どもたちに問いかけますが、自分で問いかけられるようになれば教師は必要なくなります。こうしたことを積み重ねることで、子どもたちの自律性が少しずつ育っていきます。

ポイント 問いかけ、チャレンジ、ふり返りがキーワード！

❺ 3つのステップでできる！協働性を育てる仕掛け

 協働性を育てる仕掛け　ステップ1

まずは、「子どもたち同士が関わる場を増やす」ことから始めます。

　子どもだけで出会っていきなり何か一緒に取り組むことは難しいでしょう。まずは「協働」までもいかないような内容で、互いに関わることができるようにします。

　会話、遊び、創作活動など、相手のことを知ったり、自然と一緒に物事に取り組んだりすることができるようになると、少しずつ「相手はこんな人なのだな」と知ることができます。どんな人かを知ることができると、自分のこともさらけ出すことができるようになっていきます。そうすれば、一緒に何かを取り組むためのハードルが下がります。

　どのような関わる場が必要かは、子どもたちのつながりの様子を観て判断します。互いの関係性がよくないのに、教師だけが無理矢理関わらせようとすると、子どもたち同士の関係はさらに悪化するだけです。子どもたちにとって無理のない範囲で、じわじわと関係性が生まれるようにします。

　こうして簡単な関わりの場を何度も積み重ねた後、係活動やグループでの学び合いといった「協働」の場を仕掛けます。「同じ目的を持つ」活動であり、「協働」の第一歩となります。

協働性を育てる仕掛け　ステップ2

　次に、「**目的を共有する場をつくる**」ことをします。教師から全体やグループに問いかけて、一緒に考える場をつくります。

　旅行でも、行き先がわからなければ路頭に迷ってしまうのと同じで、係活動や掃除当番、学び合いにおいて、目的がはっきりしていないと共に取り組むことは難しいです。

　「どんなことを大事にしたいのか」、「なぜそれに取り組むのか」、「何にチャレンジするのか」ということを、一人ひとりが考えられるようになると、自分のよさを生かそうとしたり、相手のよさに頼ったりしようとします。

　徐々に自分たちで目的を意識できるようになれば、自然と協働する姿が見られるようになります。そうなれば、教師も必要としなくなります。

 ## 協働性を育てる仕掛け　ステップ3

　最後に「**ふり返る場をつくる**」ようにします。

　目的を持って活動できるようになったからといって、うまくいくことばかりではありません。むしろうまくいかないことの方が多いです。

　「学習の理解が深まったかどうか」、「係活動での取組がうまくいったかどうか」といった取組自体に関するふり返りも大事です。

　ただ、それだけでなく、「自分たちの関わり合い方はどうだったか」と、「協働」の姿自体をふり返ることによって、よりよい協働の仕方を見つけていくことができます。

　教師の手を離れて、自分たちの「協働」を成長させていくことができるようになるでしょう。

ポイント 関わり合い、目的共有、ふり返りがキーワード！

第2章

学級経営で
自律性を育てる
仕掛け

❶ まず自然と行っている 行動を見つけて価値づける

「自律性がない」子なんていない！

　第1章で「子どもたちの自律性を育てることが大事だ」ということを書きました。これは、現在子どもたちが持っている自律性をさらに高めようとする話です。これまで関わった子の中で「全く自律性がない」子なんていませんでした。

　もちろん、受け身や人任せになってしまうことも多くあるかもしれません。しかし、どこかの場面では自律性を持って行動していることがあります。子どもに対して「自律性がない」と思うのであれば、それは教師が見つけられていないだけです。

　目の前の子どもたちの自律性を丁寧に捉えることによって、どのようにアプローチをすればよいかが見つかります。

　単純に「自律性がない」と嘆くのはもったいないです。

子どもたちの細かい自律性を見逃さない！

　子どもたちの日常は、小さな自律性であふれています。

「どの鉛筆を使おうかな」
「どう掃いたらきれいに掃除できるだろう」

「どの順番で宿題をしようかな」

……など、自分で「どうすればよいか」を考えて行動している場面があります。もちろん、全ての場面でできているとは限りません。でもどれか1つはこうした自律性が見られます。そこを見逃さないでください。

　子どもたちに対して、理想的な自律性を求めていると、こうした小さな自律性を見つけることができなくなります。

　意識的に子どもたちの細かなところに目を向けようとすることで、ほんの小さな自律性を見つけることができます。

子どもたちの自律性の見つけ方

　子どもたちの自律性を見つけるために大切なのは、「子どもの目線になる」ということです。ただし、「子どもたちの目の前で膝を地面について子どもと同じ目線で向き合う」ということではありません。

　これは、「子どもたちが見ている世界を同じように見ようとする」ということです。一つひとつの行動に、その子どものどのようなストーリーが隠れているのかを探ろうとします。

　たとえば、授業中にタブレットPCではなく、紙のノートに学習を整理しようとした子がいるとします。「タブレットPCで整理しようかな、それとも紙のノートにしようかな」と迷っている様子から、どのような思いで紙のノートを選択しようとしたのかを想像します。

　これまでの学習整理の様子をきちんと見ていれば、今回の子どもの迷う姿から想像できることが増えます。

　子どもたちのことをぼうっと観察していたり、評価する目線でとらえたりしているとこのように考えることはできません。自律性を見つけるためには、その子の世界に入り込むことが大切になります。

教師の価値づけで、子どもの自律の意識を広げる

　子どもたちに、「自律性が大事だ」と言葉だけで伝えても想像できないことが多いです。**だからこそ、教師が「子どもたちが自然と行っている自律的な行動」を見つけて価値づけます。**ほめてコントロールするという訳ではなく、子どもたち自身がその価値に気づけるようにします。

　価値づけられることが積み重なることによって、「こういうことが大事なのだな」と子どもたちが気づけるようになっていきます。そうすると、こうした面を意識して他の場面でも生かそうとします。

　個別に声をかけて価値づけることもあれば、全体の場で価値づけることも行います。一人ひとりに自律性が表われている場面が違うからこそ、お互いのよさに刺激を受け、自分につなげることができるようにします。

　ただし、あくまでも「教師の求める理想の姿」として伝えないことが大切です。その思いが表われると、言葉にしていなくても子どもたちに伝わります。

　子どもたちが本当に自然とお互いのよさを感じ取って自分のものにしていく過程を支える「声かけ」をします。

 ## 実際の価値づけの様子や手順

　たとえば、あらゆる場面ですぐに「先生、どうすればいいですか？」を尋ねてくる子がいるとします。教師から見ると「自分で考えられるようになってほしい」、「自律性がないなぁ」と思ってしまいます。

　しかし、「どうすればいいですか？」と教師に質問できることは大切なことです。わからないことをそのままにしようとしていません。「どうすればよいか」と考えた上で、「先生に質問する」という行動を自分で選択しています。

　だからこそ、まずは「きちんと先生のところに質問に来られたね」と、その行動選択を受け止めます。「自律性がない」と思われる行動にも、その子の自律性の芽が隠れています。

また、行動するまでには至っていないけれども、「どうすればいいだろう」と悩んでいる様子が見られれば、「悩んでいるね」、「じっくりと考えているなぁ」と声かけをします。「自分で考えて行動選択をしようとしている」姿を丁寧に受け止めます。

　ほかにも、自分で考えて行動選択ができているのであれば、どのような行動であっても価値づけるようにします。「おっ、次は計算しようとしているんやね。いいやん」、「ひとまずほうきでのごみ集めを頑張ろうとしているんやなぁ」……と、その子の今取り組んでいる行動を言語化するような声かけをします。

　こうすることで、子どもたちは「自分の行動選択を受け止めてもらえているのだな」と感じることができます。また、その行動選択が教師によって強調されることで、「自分でどうするか考えて行動すること自体が大事なのだな」と意識するようになります。

 ## うまくいかなかった価値づけの例

　「子どもたちの自律性が育つといいな」という思いが強すぎると、ついつい子どもたちをコントロールするような声かけになってしまいます。いいところを見つけては「えらいね」と伝えたり、大げさにほめたりすると、周りの子はプレッシャーを感じます。

　私自身、初めて高学年の担任をした時に、このような声かけをして「先生の『こうしてほしい』が見え見えで嫌だ」と言われたことがあります。「よかれ」と思って言っていたことでも子どもたちを追い詰めたり、コントロールしたりする声かけになってしまっては意味がありません。

　それからは、「この声かけは、子どもたちをコントロールすることにつながっていないか」という視点で自分の声かけについてふり返るようにしています。よりよい価値づけの言葉を見つけたいです。

ポイント 子どもたちの今の自律性を見つけることから全てが始まる

ステップ**1**
問いかける

❷大事なことは言わずに問いかける

 ついつい言いたくなるのを我慢する！

　大人から見ると、子どもたちには「できていない」ことが多くあります。こうした子どもたちの姿を見ると、「もっとこうすればいいのになぁ」、「こうしたほうがうまくいくよ」という思いが生まれます。

　こうした思いを持つことはとても自然なことです。

　ただ、心の中で思いを留めておけず、すぐに声に出して子どもたちに「こうしよう」、「こうしたらいいよ」と伝えてしまっている先生が多いのではないでしょうか。

　「子どもたちのために」と思ってアドバイスをしているのでしょうから、その思い自体を否定することはできません。

　ただ、教師が「こうすればよい」とアドバイスし過ぎると、子どもたちは自分で考えることをやめてしまいます。

　子どもたちの真の成長を願うのであれば、すぐにアドバイスしたくなる思いをぐっと我慢して、「簡単に」、「すぐに」できてしまうアドバイス以外の方法を見つけていきます。

 どのように問いかけるか

　ただし、ずっと我慢して何も言わないままだと、子どもたちは何もで

きるようにはなりません。

　子どもたちがその課題に向き合い、自分なりに試行錯誤できるようにするために「問いかけ」をします。

「どうしたの？」（子どもたちが言えるきっかけをつくる）
「どうしたい？」（子どもたちが言えるきっかけをつくる）
「どうすればうまくいくだろう？」（子どもたちが考えるきっかけをつくる）
「今一番できそうなことは何？」（子どもたちが考えるきっかけをつくる）
「先生に手伝えることはある？」（最後のフォロー）

……と状況に応じて「問いかけ」を使い分けます。
　教師から問いかけた後、子どもたちが話し出す言葉や行動を丁寧に受け止めます。ここでも我慢が必要になります。

「どうしたの？」「どうしたい？」

　何かうまくいかないことが起こった時、解決に向けてすぐに行動できる子は少ないです。

　何も行動に移せず止まったままになってしまったり、教師のところに来て何かを訴えかける目をしたりする子が多くいます。

　本当は、自分から「○○がうまくいっていない」、「△△で困っている」と言えたらいいのですが、それが言えない子もいます。

　そこで、教師から「どうしたの？」と問いかけて、子どもたちが言えるきっかけをつくります。

　教師から問いかけられることで、子どもたちはやっと「○○がうまくいっていないのです」、「△△で困っているのです」と伝えられます。伝えたことによって、一安心する子もいるでしょう。

　ただ、そこで終わってしまう子も多いです。周りの大人にすぐ「こうしなさい」、「こうしましょう」と言われることに慣れていると、教師か

らの指示を待つようになります。自分で考えようとしません。

「どうしたい？」はこうした場面や指示を待つ子に使う問いかけです。自分なりに何を望んでいるのかを自分の言葉で表現できるようにします。具体的にこのあとどのような行動を取るかを考える土台となります。

「どうすればうまくいくだろう？」
「今一番できそうなことは何？」

この2つの問いかけは、具体的にどのような行動を取るのかを自分で考えるきっかけをつくるためのものです。**「どうすればうまくいくだろう？」という問いかけをすることで、自分なりに「こうすればうまくいくのではないか」といった仮説を子どもたちが考えられるようにします。**

ただ、「うまくいく」ことのイメージができない子もいます。

自分で考えることに慣れていない子ほど、具体的な行動を考えることは得意ではありません。問いかけられても、何を答えればよいのかわからず沈黙になってしまいます。

そこで、「今一番できそうなことは何？」と問いかけ方を少し変えます。新しく何かを考えることは難しくても、今の自分にできそうなことなら考えるのに慣れていない子でも見つけやすいです。これまでの行動の選択肢の中から、「これをやってみよう」と考えることができます。

「先生に手伝えることはある？」

教師から問いかけることで、子どもたちは行動しようとします。

ただ、行動し始める前に、「本当にうまくいくのかな？」、「またうまくいかなかったらどうしよう」と不安になる子も多いです。

そこで、最後に「先生に手伝えることはある？」と問いかけます。「特にありません」と答える子が多いですが、中には「またうまくいかなかったら声かけをしてほしい」、「ここは手伝ってください」……と、自分の

思いを伝えてくる子もいます。

　「特にありません」と答えた子は、その言葉をきっかけに「自分でチャレンジしてみよう」と思うことができます。また、「こうしてほしい」と自分の思いを伝えた子は、不安なことを聞いてもらえて安心すると同時に、「それ以外は自分で頑張ろう」と思うことができます。

子ども自身で考えるきっかけをつくる！

　教師から問いかけられると、子どもは自分の頭で考えるようになります。最初は慣れないかもしれませんが、子どもたちなりに「こうしてみよう」、「こうすればいいんじゃないかな」と考えられるようにすることが大切です。

「忘れ物しないために、連絡帳の書き方を工夫しよう」
「切りかえがきちんとできるように、友だちに声をかけてもらおう」
「友だちとケンカしたままになっているから、自分から声をかけてみよう」
「委員会活動でできていないことをリストアップして、１つずつ終わらせていこう」

……と、自分なりに考えた行動は結果がどうであれ、その子に残るものがあります。うまくいかなかったら、また一緒に考えればいいのです。

　「問いかけられる」ことが積み重なることによって、徐々に自分で自分に問いかける子も出てくるでしょう。自問自答ができるようになれば、問いかける存在である教師は必要なくなります。

　「自分で考える」、「自分で行動を選択する」ことは、自律性が育つ第一歩です。子どもたちの「自分なり」の解が更新していくような支援をしていくために、絶えず「問いかけ」を活用します。

ポイント 大事なことを伝えるよりも問いかけよう

ステップ**2**

チャレンジする場を用意する

❸小さな目標を一緒に決める

1人で目標を見つけるのは難しい

　4月当初、学級目標や個人目標など、「目標」を決める機会が多いのではないでしょうか。

　目標があることによって、子どもたちはそこに向かって進んでいくことができます。大人でも目標を立てて行動する人は多いです。

　ただ、いきなり、子どもたちに向かって「目標を決めましょう！」と伝えても、簡単に目標を決めることはできません。

　その意味や目的を理解せずに目標を立てると、「先生のために目標を立てる」ことになってしまいます。

　子どもたちのこれまでの経験の中で目標を決めて行動し、うまくいった（うまくいかなかった）経験があるはずです。

　そこで、こうした経験を聞き出しながら、自然と目標を立てることの大切さについて実感できるようにします。

　「どんなことを大事にしたい？」、「今頑張っていることは何？」、「どんなことができるようになりたい？」と問いかけながら、子どもたちが目標を立てる支援を行います。

まずは小さい目標をつくれるようにする！

　それでも、やはり「目標」と言われると、何か壮大なものを決めなくてはならないと思う子が多いです。「そんな目標なんてないよ」と困ってしまいます。**そこで、まずは小さな目標をつくれるようにします。**

- 1日1回は自分の考えを伝えられるようになりたい
- 友だちが困っていたら声をかけられるようになりたい
- 机の上をいつもきれいにしていたい

……など、「自分がちょっと頑張ればできるようなことを目標にしましょう」と教師から働きかけます。

小さな目標をつくったら、宣言する！

　子どもたちが、小さな目標をつくったら、ペアやグループで伝え合ったり、タブレットPCや紙のノートに書き表わしたりして、宣言できるようにします。決して「つくって終わり」にはしません。

　ペアやグループは教室で近くに座っている子同士でつくります。なぜなら、一緒に過ごす時間が長いからこそ、互いの小さな目標を知っていることで声をかけ合ったり、支え合ったりすることができるからです。

　また、タブレットPCや紙のノートに書き表わすことによって、より意識することができます。何度も目にすることによって、「今日も目標に向かってできることを頑張ろう」と思うようになります。ついつい目標を立てたことを忘れてしまうのが人間だからこそ、それを防ぐための工夫をします。

　さらには、適宜ふり返る機会もつくります。小さな目標をゴールとした時に、今自分はどこにいるかを捉えられるようにします。現在地を自分自身で把握することによって、また進んでいくことができます。

一人ひとりの目標と学級目標

　冒頭にも書きましたが、学級経営において「目標」と聞けば、「学級目標」を思い浮かべる方が多いのではないでしょうか。

　「学級目標をつくる」ことが４月の恒例行事になっている学級も多いと思います。

　私もこれまで、「学級目標は必ずつくるものだ」と考えて、子どもたちと共に学級目標づくりを行っていました。

　初任の頃は、教師の自分の思いが強すぎるものでしたが、少しずつ子どもたちの思いを受け止めてつくれるようになってきました。

　教師になって８年目、６年生の担任をしている時に、これまでと同じように学級目標をつくろうとすると、「学級目標なんていらない」という子に出会いました。

　これまでそんなことを言ってくる子はいなかったので、初めは、「なんて後ろ向きなのだろう」、「私に反抗しているのかな」と思いました。

　しかし、理由をよく聞いてみると、

「みんなで同じことを目標にして過ごすなんて息苦しい」
「一人ひとりの目標があるのだから、それを大事にしたらいいと思う」

とのことでした。これまで「学級目標をつくることは当たり前だ」と思っていた私にとっては、考えを大きく変えさせられるものとなりました。

　そこからは、学級の子どもたちとまず「学級目標をつくるかどうか」自体も一緒に考えるようにしています。

　「一人ひとりの目標をお互いに大事にし合えるのがいい」、「みんなでつくる目標よりも、お互いに大事にしたいことを大事にしたほうがいいと思う」……と、考えを聴き合う過程で「学級で大事にしたいこと」が見つかるようになりました。

　次頁は、今年度の学級の子どもたち一人ひとりの目標です。

　教室の後ろに掲示して見られるようにしています。

特に学級目標は
つくっていません
が、一人ひとりの
目標を支え合った
り、お互いが気持
ちよく過ごせるよ
うに関わり合った
りする様子が見ら
れます。

◆ 途中経過を仲間と共有できるように！

　小さな目標を決めたら、子どもたちはそこに向かって動き出します。
ただ、1人で目標に向かって進んでいても途中で心細くなることだって
あります。

　そこで、小さな目標を周りの仲間と共有できるようにします。

　もし、全員と共有したくなければそれでも構いません。まずは気が合
う友だちと共有するだけでもよいでしょう。

　「私はこういうことができるようになりたい」ということを知っても
らうことによって、支えてくれる人が生まれます。

　最初に共有するだけでなく、適宜お互いに「最近はどう？」、「うまく
いっているかな？」と聴き合えるような場をつくることによって、互い
に伴走しながら進んでいくことができます。

ポイント **本当にめざしたくなる目標をつくれるようにしよう**

❹新たなことにチャレンジ できる場を用意する

 教師が行動選択の幅を狭めていないか？

学校生活において、子どもたちは自分（たち）が取り組む内容について、自分（たち）で決めることができているでしょうか。

「こうしましょう」、「こうしなさい」と子どもたちが取り組むべき内容の大部分を教師が決めてしまってはいませんか。

このような状況だと、子どもたちは自分で考えて行動選択する余地がありません。自分で「こうしてみよう」、「こうしたらうまくいくんじゃないかな」と考えられなくなってしまいます。

子どもたちの自律性を育てたいと願うのであれば、子どもたちが新たなことに取り組めるような環境を用意する必要があります。「チャレンジしたい」、「チャレンジしよう」と思うきっかけをつくります。

 チャレンジできる場を用意する！

しかし、いきなり子どもたちに「チャレンジしましょう」と言っても、子どもたちは行動できません。これまで教師が制限していた分、自分で新たな一歩を踏み出すことはなかなか難しいです。

そこで、子どもたちがチャレンジしやすい場を用意します。

- 教室での過ごし方を自分で考えられるようにする
- 自分の課題に対する解決法を自分で考えられるようにする
- 宿題の仕組みを自分で考えられるようにする

……など、教師がすぐに「こうしましょう」と決めがちなことを子どもたちが自分で判断して行動できるようにします。

「判断する」、「判断したことに従って行動する」ことは、子どもたちにとって大きなチャレンジです。

ここに挙げたのは、あくまでも一部の例です。今まで教師が決めていたことを子どもたちに少し委ねることによって、子どもたちのチャレンジする場が生まれます。

「チャレンジ」だからといって、何も壮大なことではなくて構いません。子どもたちが、自分の行動選択の幅を少しずつ広げられるようにしていくことを意識します。自分では広げられないからこそ、教師がサポートします。

◆ 「とにかくやってみる」ことで成長する！

このように、子どもたちが選択判断できる場があって、初めて「やってみよう」という行動が生まれます。

「うまくいく」、「うまくいかない」にかかわらず、行動した後は変化が起こります。 逆に、何も行動しなければ何も変化が起きません。

「うまくいかない」ことにもたくさん出会うかもしれません。それでも、何度でもチャレンジできる場を用意することによって、一度の「うまくいかない」が気にならなくなります。

「とにかくやってみる」が子どもたちの中で当たり前になった時、子どもたちの自律性はぐんと成長します。

ポイント 「やってみたい」、「やってみよう」を生む場づくりをしよう

❺少しの成長を見つけて フィードバックする

 少しの成長を見つける必要性とは？

私には、今6歳になる娘がいます。
生まれてから6歳になるまでさまざまな成長がありました。

- 歩けるようになる
- 立てるようになる
- 鉛筆が持てる

……と小さい頃の成長は目に見えやすいです。

しかし、小学生になると、「何かができるようになる」という成長はわかりにくくなります。ある程度大人と同じようなことができるため、大人と比べて「できていない」ことに目がいってしまいます。

そこで、子どもたちの小さな変化・成長に丁寧に目を向ける必要があります。

変化・成長をきちんと伝えることによって、子どもたち自身が「今も絶えず成長しているのだ」ということに気づくことができます。

子どもの変化や成長をどうやって見つけるか

　子どもたちの小さな変化・成長は、子どもたちをぼうっと眺めていても見つかりません。子どもたち一人ひとりをじっくりと観察することから始まります。

　子どもたちをよく観察すると、何ができて、何ができないかを正確に捉えることができます。子どもたちの現在地を把握するからこそ、小さな変化を見つけることができます。

　たとえば、授業中にあまり集中できない子がいたとします。でもずっと集中できない訳ではありません。「1時間でどれくらい集中できるのか」ということを前もって理解しておくと、5分でも10分でもその時間が少しでも延びれば変化・成長として捉えることができます。

　他の子と比べると、まだできていない部類に入るかもしれません。

　しかし、そんなことは関係ありません。その子にとってできるようになったことを教師が見つけます。

 ## どうやってフィードバックするか

　子どもの小さな成長は、なるべく個別にフィードバックします。

「前よりも授業に取り組む姿勢が変化したね」
「宿題で書いている漢字のこだわりが増えてきたなぁ。すごいね」

……と、1対1のやりとりで、子どもたちのことをきちんと見ていることや応援していることを伝えます。直接声かけするだけでなく、日記やふり返り、宿題へのコメント等でも声かけをすることができます。子どもたちが自分の変化・成長を捉えられるようになると、次の変化・成長に向かって自信を持って動き出すことができます。

ポイント **小さな成長を見つけて、次の成長につなげよう**

❻ふり返る場を たくさん用意する

 ふり返ることで成長につながる！

「ふり返る」とは、過去に起きたことや自分の行動・感情を自分で改めて見つめ直すことです。「何が起きたのか」、「どんなことを考えていたのか」、「どうすればよかったのか」……と考えることで、次の自分をつくり出すことができます。

ふり返ることが大切なのは、子どもに限ったことではありません。大人も同じです。私も毎日ふり返ることを大切にしており、自分を客観的に見つめ直すことによって、少しでも成長につなげようとしています。次の写真は初任の頃からのふり返りノートです（4年目の時のもの）。

子どもたちのふり返りが充実することによって、自律性が育ちます。他人に言われたことを行動するだけでなく、ふり返りをもとにして自分の意志で考えて行動することが増えるからです。

（参考）岩瀬直樹・ちょんせいこ『信頼ベースのクラスをつくる　よくわかる学級ファシリテーション①かかわりスキル編』2011年、解放出版社

どんな場面でふり返るか

　学校での生活で、子どもたちがふり返ることに適した場面はたくさんあります。日々の学習、当番活動、係活動、宿題、忘れ物、人との関わり……など実にさまざまです。

　普通に過ごしていたらさっと過ぎ去っていくようなことを、一旦立ち止まってじっくりと見つめ直すことによって、自分の行動のよさや課題が見つかります。次に「こうしよう」、「こんなことにチャレンジしてみよう」と自分で決めることもできます。

　ふり返りの方法には大きく2つあります。

　まず1つ目は、「学級全体の場で共にふり返る」方法です。

「今日の掃除はうまくいった？」
「最近、宿題はどんな感じ？」
「今日1日で一番頑張ったことはどんなこと？」
「どんなことにチャレンジしている？」

……と教師から子どもたちに問いかけることで、ふり返るきっかけをつくります。ペアやグループで互いのふり返りを聴き合った後、全体の場で共有します。

　いきなり1人でふり返ることはなかなか簡単なことではありません。だからこそ、ペアやグループで簡単に聴き合えるようにします。

　「ぼくは今日、掃除でこんなことを頑張れたよ」、「私は、ちょっと最

後らへん違う話ばっかりして、ちゃんと掃除できなかった」と誰かに伝える中で、自分を見る目が少しずつ出てきます。

　適宜、こうしたふり返る機会をつくることによって、子どもたちにとってふり返ることが自然なことになります。

　ふり返ったことが自分たちの成長につながれば、ふり返ることを大切にするようになるでしょう。

　2つ目は、「1人でふり返りを書く」という方法です。

　紙のノートでも、タブレットPCを活用してもどちらでも構いません。自分自身とじっくり向き合う時間を設けます。

　はじめは教師がテーマを決めるとよいでしょう。「掃除について」といった大きなテーマでも構いませんが、「掃除で頑張っていること」、「掃除でチャレンジしたこと」など、テーマを絞ることで、子どもたちはふり返りやすくなります。他には「今日、チャレンジしたこと」、「クラスの仲間のすごいなと思うこと」、「今日一番楽しかったこと」などのテーマがおすすめです。

　次は、5年生のふり返りです。この日のテーマは「お互いに気持ちよく過ごすためには」としました。

ふり返り

素敵な言葉をちゃんと言えてあったいいね!!

お互いが気持ちよく過ごせるには、自分ばっかり自分の主張や意見だけをいうんじゃなくて、相手の言うこともちゃんと聞いて、かつその人の言うことを優先してあげることが大事だと思います。そうしないと、ある時は喧嘩になってしまったりして、お互いがもやもやしたままでいてしまうので、お互いみんなを許し合えるような関係になりたいなぁと思います。自分の言いたいことばかりを言うと、自分もなんだか嫌な気持ちになってしまって、それですっきりすることもなく、何かが引っかかる感じがして気持ちよくないので、これからもそういうことを気をつけたいです。そして、「ありがとう」「ごめんなさい」を言えるようにしたいです。

自分なりにテーマに対する考えを書くだけでなく、「これからできるようになりたいこと」も書いています。

　この子はふり返りを書くことによって、自分の中で大事にしたいことが見つかったようです。こうした子どもたちのふり返りには、一言さらっと返事を書きます。何かアドバイスを書くというより、その子の思いに共感することを意識しています。

　少しずつふり返ることを積み重ねていくことによって、子どもたちは「1日をふり返って」という大きなテーマでも、自分で細かくテーマをつくることができるようになります。ふり返りのテーマづくりを少しずつ手放すことを意識して、子どもたちの成長を支えます。

どのようにふり返りの声をかけるか

　ふり返りが大事だからといって、ただ単に「ふり返りましょう」と話しても、子どもたちは何のためにふり返るのかがよくわかりません。

　「先生が言うから」のふり返りは意味のないものになってしまいます。これでは子どもたちの自律性は育ちません。

　まずは、子どもたちとふり返りの目的を共有します。

　日常生活で自然とふり返って成長につなげていることを例に出しながら、「なぜふり返るのか」を考えます。

　その上で、「たとえば、今日だったらどんなことがふり返りのテーマになりそうかな」と問いかけて、ふり返る視点を持てるようにします。

　教師が大まかなテーマを示しても、「何をふり返るか」は子どもたちが選択できるようにします。

　ふり返りは子どもたちの自律性を育てる土台となります。地道に子どもたちがふり返り力を向上させる姿を支えましょう。

　ポイント 子どもたちがふり返りを自分のものにできるようにしよう

❼保護者と共に 子どものよいところを見つける

 ## 保護者と共に子どもたちを支える

　先ほども書きましたが、私は6歳娘の父親です。わが娘の成長について、妻と共によく悩んでいます。学級の保護者もそれぞれに悩みがあることでしょう。

　保護者は子どもが生まれた時から現在の姿まで、いろいろな試行錯誤を繰り返しながら成長を支えてこられました。担任として関わっている私よりも、その子に対してずっとくわしく知っています。当たり前の話です。

　だからこそ、お互いに知っていることや見えていることを共有しながら、共に支えていく必要があります。学級だけで、子どもの自律性が育つとは思わないほうがよいでしょう。

 ## 課題ばかり見つけてしまう保護者

　私は、学級で多くの子どもたちを見ているので、一人ひとりのよさや課題を客観的に観ることができます。**できていないことよりも、できていることに目を向けることができます。**

　しかし、保護者はこのように観ることができません。たまに行われる授業参観や友だちと遊ぶ様子を見ていて、他の子のよいところと比べて

自分の子のできていないことが気になったり、思ったとおりにいかないことにイライラしたりしてしまいます。

　その結果、ついつい「こうしなさい」、「こうしなきゃだめでしょ」と口が出てしまいます。子どもたちが自分で選択して行動する場がなくなります。これでは、子どもたちの自律性は育ちません。

　そんな保護者に対しては、「○○君は学校でこんなに頑張っています」、「△△さんは、今こんなことにチャレンジしています」……と、活躍していることや成長に向けて努力していることを伝えています。

細かな成長、よさを見つける視点を共に持つ

　学校だからこそ頑張れることや成長が見られる場面が多くあります。

　また、ほんの小さな成長の積み重ねが大きな成長につながります。

　こうした情報を保護者にきちんと伝えることで、子どもたちの気になるところや課題について温かい目で見守ることができるようになります。

　もちろん、学校からのこうしたフィードバックがなくても、子どもたちの自律性を育てるために努力されている家庭は多くあります。でも、やっぱり不安や悩みが尽きないのが保護者というものです。

　だからこそ、教師は1年間、子どもたちの成長を共に支えるパートナーとしてできることを見つけていきます。

　個人懇談、学級懇談、学級通信、連絡帳、電話……と、あらゆる手段を使って保護者とつながるようにします。

　学校と家庭が、共に「子どもたちの自律性を育てよう」と思えば、子どもたちの成長度合いは大きく向上します。

ポイント 「保護者と共に」という思いを基に成長を支えよう

第3章

授業や学習で
自律性を育てる
仕掛け

❶まず「わからない」が 出るようにする

「わかりましたか？」、「はいっ！」

　これは、私が若手の頃の口癖でした。学習の中で大事にしたいことを押さえたい時や、生活場面で何かを伝える時の最後にいつも「わかりましたか？」と問いかけていました。子どもたちから「はいっ！」と返事が来ると気持ちよかったです。

　もちろん、子どもたちが本当に理解したかどうかを確認しようとすることは大切なことです。ただ、「わかりましたか？」と問われて、「はいっ！」と返事することが学級での習慣になってしまっていると、子どもたちは「先生、ここがわかりません」となかなか言いにくくなります。

　「わかりましたか？」という言葉は、子どもたちのためにではなく、自分が安心するために使ってしまっていました。「自分の伝えたいことをきちんと伝えた」というアリバイづくりでしかありませんでした。

「わからない」が出やすい場をつくる！

　学級で多くの仲間がいる中で、なかなか「わからない」と言い出すことは簡単ではありません。なぜなら、子どもたちの心の中で「自分だけわからないのかもしれない」、「こんなことがわからないと言うことが恥ずかしい」と考えてしまうからです。

そこで、「わからない」が出やすい場をつくります。

- 「もう完璧。何を質問されても答えられる」か「まだちょっとモヤモヤすることがある」の二択で挙手の場をつくる
- 自分の理解度合いを点数で表す
- ペアやグループで現在の理解度合いを聞く
- 本質的な質問をする（例「ものが水に溶けるってどういうこと？」）

……と、少しでも「わからない」ことが表現できるようにします。
「完璧にわかる」ことなど大人でも難しいのです。

　「わからない」に目を向けられるようにすることで、自分の学習についてふり返ることができるようにします。

　また、ここで「わからない」を出すことによる学びの深まりを子どもたちが実感できるようにします。

　そうすることで、「『わからない』には価値がある」ということを自分たちの共通認識として持つようになります。

 **「わからない」が出やすい場のつくり方①
二択で挙手の場をつくる**

　子どもたちから「わからない」が出やすくするために、教師から「もう完璧、何を質問されても答えられるという人？」、「まだちょっとモヤモヤすることがある人？」と二択で問いかけます。

　このような二択にすると、なかなか「完璧」のほうに手を挙げられる子は少ないです。多くの子が「まだちょっとモヤモヤすることがある」に手を挙げます。モヤモヤにもレベルの違いがありますが、「わからない」子は自信を持って手を挙げることができます。

　さらに「今、どんなことにモヤモヤしている？」と尋ねると、自分の中での不確かなことを話そうとします。「わかりました」だと学習はそ

こで終わってしまいます。しかし、「まだ不確かなことがある」となれば学習は続きます。

「わからない」が出やすい場のつくり方② 理解度合いを点数で表わす

また、「今の自分の理解度を点数に表わすと何点になる？」という問いかけも有効です。こちらも、「100点！」と自信を持って言い切れる子はなかなかいません。大人でも「100点」の知識なんてなかなかありません。子どもたちは、「80点」、「95点」と自分の現在の理解度合いを数値で表そうとします。

たとえば、「80点」だとすれば、残りの20点は何かしらあいまいなことやよくわからないことがあるはずです。理解度をあえて数値化することによって、自分の理解について見つめ直すことができます。

また、100点に向かって、改めて学習しようとします。「わからない」、「わかったつもり」の部分に目を向けることによって、さらにここから何を学習すればよいかがはっきりします。

「わからない」が出やすい場のつくり方③ ペア・グループで聴き合う

学習していることがきちんと理解できているか、教師の話が伝わっているかを確認するためには、ペア・グループで現在の理解度合いを確認し合うのがおすすめです。

「今、ここまではわかっているよ」、「どんなことに悩んでいる？」と聴き合えるようになることによって、自分の中でモヤモヤしていることを吐き出せるようにします。

隣同士のペアにするか、前後のペアにするかは、人間関係や理解度合いを見ながら瞬時に判断します。「わからない」が言い合えない関係性

のペアや、「わからない」を言ったものの何も解決せずに終わってしまうようなペアにならないように工夫します。

　また、状況に応じて4人組のグループでも聴き合えるようにします。聴き合う人数が増えることによって、お互いの「わからない」が多く集まったり、解決に向けての道筋が広がったりします。

だんだん「わからない」を言えるようになっていく

　「わからない」が出やすい場を教師が繰り返しつくることで、子どもたちは少しずつ自然に「わからない」が言えるようになります。みんなの前で「わからない」を言うことに対する不安がなくなるからです。

　また、「わからない」を言ったことにより、自分の学びが深くなったり考えがすっきりしたりすると、これからも「わからない」を言うことを大切にしようとします。「わからない」が生まれることこそが学習であることを子どもたちが実感するようになります。

　「わからない」に目を向けられるようになることは、「自分を知る」ことにつながります。それだけでなく、自分の気持ちを意思表示できるようになることは自律心の芽生えとなります。

「わかったつもり」からの脱却

　有名な哲学者ソクラテスの言葉に「無知の知」というものがあります。何となくわかった風になっているよりも、きちんと自分の「わからない」に向き合えることの方が、物事を本質的に理解していくことができます。大人も含めて、人はついつい「わかったつもり」で終わらせてしまうことが多いです。「わからない」を大切にしていくことによって、子どもたちは、自律的に学び続けることができるようになります。

　そのきっかけを教師がたくさん仕掛けていくことを大切にします。

ポイント 「わからない」を出すよさを感じられるようにしよう

❷挙手関係なしに 考えを聴く

 何のために挙手をするのか？

　授業といえば、「先生が問いかけたことに対して、子どもたちが手を挙げて、先生に指名された人が意見を言う」ことが一般的になっています。私が初任の頃に、「授業中に子どもたちの手がよく挙がる学級はよい学級である」という話を聞いたこともあります。挙手の人数で授業や学級の善し悪しを測っている人が多くいるようです。

　こうした考えが一般的になりすぎて、「授業中に手が挙がらない」ことに対して不安になったり、子どもたちに無理矢理手を挙げさせたりしていませんか。

　「挙手ハラスメント」が起きている教室をよく見かけます。

　私自身、子どもたちの挙手が少ないと不安になったり、「自分の考えを持っているのなら、手を挙げて自分の考えを伝えないとダメだよ」と子どもたちに熱く語ったりしたことがありました。とても恥ずかしい過去です。

　もちろん、自分の考えを伝えたい子が手を挙げるのは構いません。全員が一気に自分の考えを言い始めると収拾がつかなくなってしまいます。学級で互いに考えを聴き合うことを大切にするために挙手という仕組みを活用することは大切です。

　しかし、挙手をしていないからといって、自分の考えがないわけではありません。子どもたちは心の中で「私はこう考えるけどな」というも

のを持っています。熟考する子ほど、「手を挙げる」というところまでになかなか行き着かないことが多いのです。

そもそも「手を挙げる」ということは結構大変なことです。

大人でも職員会議や研修の場で手を挙げて自分の意見を言うことはなかなか難しいのではないでしょうか。子どもたちも同じです。思春期になり、周りが気になる子ほど、手を挙げる勇気が出ないのです。

挙手をしていなくても意見を聴く！

挙手をすることが授業の全てではありません。いつも挙手をしている子だけを指名して考えを聴いていたら、子どもたちは「手を挙げなかったら自分の考えを伝えなくて済む」ということを学びます。

挙手している子の考えだけで学習が進んでいくと、「任せておいたらいいや」と他人事になってしまう子が出てきます。

「いつも一部の子だけしか発言しなくて……」という教師の悩みもこうしたところから生まれます。

そこで、挙手をしていなくても子どもたちの考えを聴くようにします。学習の流れに応じて、

「Aさんはどう考える？」
「Bさんは今どんなことが気になっている？」
「Cさんの意見を聴いて、Dさんが一番すごいなと思ったことはどんなこと？」
「Eさんがモヤモヤしていることは何？」
「今の納得度合いを点数で表すと？」
「さっきグループではどんなことを話していたの？」

……と、手を挙げていなくてもどんどん考えを聴きます。

挙手による指名制度に慣れていると、最初は少しドキッとする子がい

るかもしれません。ただ、教師が「本当に聴きたい」という態度で尋ねると、子どもたちは自分の考えを伝えようとします（時々、嫌がらせのように急に質問をする教師がいますが、それでは余計に子どもたちは心を閉ざしてしまいます）。

　ただし、手を挙げている子を無視する訳でもありません。手を挙げているのにも関わらず意見を聴いてもらえなかったらふてくされてしまいます。積極的に「自分の考えをみんなに伝えたい」という思いを持っている子の思いもきちんと受け止めながら、学級全体で考えを練り上げていけるようにします。

誰もが自分の考えを言える環境にする

　「わからない」、「困っている」も含めて、どの子も何かしら自分の考えを持っています。そのことを理解した上で、誰もが自分の考えを伝えられるようにするために、挙手に頼ることをやめます。

　誰でも急に指名されて自分の考えを伝えられる訳ではないかもしれません。急に考えを尋ねられるとドキドキする子もいるでしょう。そこで、子どもたち一人ひとりをじっくりと観察した上で、

- 「はい」、「いいえ」で答えることだから、Aさんを指名して、自分の考えを周りの人に伝える練習ができるようにしよう
- 昆虫の話題だったら、昆虫好きのBさんが自信を持って答えられそうだな
- 挙手はしていないけれども、顔つきを見ているとCさんは違う考えを持っていそうだな
- 前の授業時間、今話題に挙がっていることについて自分の考えを丁寧に整理していたDさんに考えを聞いてみよう
- Eさんは、まだ自分の考えをみんなに伝えることが得意ではないから、一旦グループで考えを聴き合う時間をつくって、グループでどんな話

があったかを尋ねてみよう

- 今、Fさんが1人だけ違う立場の考えだから、学級全体の考えを深めるために考えを尋ねてみよう
- Gさんの持っている「問い」は今日の学習課題につながるから、最初に尋ねてみよう
- Hさんはずっと手を挙げているから、何人かの考えを聴いた後に指名をして考えを尋ねよう

……と、考えを尋ねていきます。

　「これなら自分の考えを伝えられそうだな」、「自分の考えを伝えることが自信につながりそうだな」と、教師が子どもたちにとってちょうどいいステップをつくることで、子どもたちは安心して自分の考えを伝えることができます。

　もし、その子にとって無謀な問いかけをしてしまうと、二度とみんなの前で自分の考えを伝えようとしなくなります。

自分の考えの価値に気づけるようにする！

　手を挙げている人だけで考えを聴き合うよりも、学級全体で考えを聴き合うほうが互いの見方が広がったり考えが深まったりします。

　「一人ひとりの考えが集まり、重なることで自分たちの考えが深まるのだ」ということを子どもたちが実感できると、子どもたちは自分の考えを全体の場で伝えることを大切にするようになります。

　それだけでなく、子どもたちは授業において「自分の考えを持つ」ことを大切にするようにもなります。「自分の考えを持つ」ことから、学習における自律性の成長が始まります。

ポイント 誰もが自分の考えを言える教室にしよう

ステップ**1**

問いかける

❸「問い」に注目できるようにする

「問い」を出すのは教師だけ？

　教師であれば、授業で「子どもたちが深く考えられるきっかけをどのようにつくるか」を考えると思います。

　その１つの手段として使われるのは「発問」です。

　みなさんも日頃、「どんな問いかけをしたら、子どもたちが大事なことに気づけるか」、「どのように問いかければ、子どもたちがさらに深く考えられるか」と発問を練り上げているのではないでしょうか。

　「よい発問がよい授業をつくる」という言葉もよく耳にします。

　もちろん、教師がこうした発問をすることは大事です。

　教師が丁寧に教材分析をしたり、子どもたち一人ひとりのことをじっくりと見取ったりするからこそ、子どもたちにとってよりよい発問を考えることができます。

　ただ、子どもたちが教師からの問いかけに答えることが、ずっと授業の中心であるのは考えものです。

　考えたり学んだりするきっかけをつくることが教師だけになってしまうと、子どもたちは永遠に「問いを出してくれる人」を待つことになってしまいます。

「問い」から学習が始まる！

- これってどういうことなのだろう？
- なぜこんなことが起きるのだろう？
- どうすれば解決できるだろうか？

……といった問いが子どもたちが学習を進める過程で生まれると、子どもたちは自分なりに「こう考える」、「こうすればうまくいくのではないかな」と予想したり、実際に調べたり実験したりしながら解決に向かおうとします。

　自然と学習し始めると同時に、他者との対話も生まれます。

　本来、「人が学ぶ」とはこうしたことではないでしょうか。**誰かに言われるから学習するのではなく、自分の内側から生まれる「問い」を大切にして学習する姿を大切にしたいものです**。学習を始めるのは、誰かではなく自分です。学びのエンジンは自分自身にあります。

 ## 「問い」を生む力を失わせない

　何でも構いませんので、今みなさんの目の前にあるものに１つ注目してみてください。何も思わなければ、何も始まりません。

　しかし、何かしら「問い」を出すだけで、考えられることが増えていくのではないでしょうか。自分が「問い」を出す人になるだけで、世の中には学ぶことがたくさんあります。

　「どうして夕日は赤いのだろう」、「地球が丸いって本当かな？」と、小さい頃には目に映るものからたくさんの「問い」を生み出していたと思います。教師が子どもたちのこうした力を失わせないようにと意識するだけで、子どもたちはこうした「問い」を生む感覚を大切にしようとします。

　`ポイント` **自分の「問い」に注目して、大切にできるようにしよう**

❹自然な「問い」を 大切にする

 「問い」が生まれる場面

　では、どのような場面で、子どもたちの「問い」は生まれるのでしょうか。

- 新しい物事や事実に出合った時
- 友だちとの考えにズレが生じた時
- 何かまだ不確かな情報がある時
- これまで考えたこともないことを問いかけられた時

……とこれまでの自分自身の知識・経験（ものの見方）と比較したり、関連づけたりすることで「問い」が生まれます。

　これは大人でも同じです。これらを意識すると、子どもたちの「問い」が生まれる場面を教師が意図してつくることもできます。

 子どもたちの自然な「問い」を引き出せるように

　まずは子どもたちが自然に出す「問い」を大切にしたいものです。

　「問い」が生まれる場面をつくることも大切かもしれませんが、それを意識しすぎると、教師が意図した場面でしか子どもたちは「問い」を

出さなくなってしまいます。

　たとえば、国語の物語文「大造じいさんとガン」（椋鳩十作）の学習の始めに、作品全体を読んだ時に子どもたちからは次のような「問い」が出ました（たくさん出た「問い」の一部です）。

- 大造じいさんの残雪に対する心情はどのように変化したのだろう？
- 「スモモの花……」といった文章があるけれども、この文章は必要なのだろうか？
- どうして題名が「大造じいさんと残雪」ではないのだろう？

　こうした「問い」は、教師が子どもたちに問いかけたかったものと重なってきます。

　全員が同じように気になっているわけではありませんが、子どもたちの自然な問いは教材の本質につながるものを持っています。

**　単元の最初に子どもたちが自分の気になることを表出できるようにしておくだけで、子どもたちにとって自分事の学習が始まります。**

単元の最初に、「気になること」を挙げる！

　単元の最初には、これから学習する内容に関する現在の自分の見方や考え方が表われるような場をつくることを意識しています。

　たとえば、理科5年「もののとけ方」の学習では、まず始めに、単元名「もののとけ方」と板書した上で、「『とける』について知っていることはどんなこと？」と問いかけました。

　そこから、「砂糖が水にとけている様子の動画」（児童が事前に撮影してきたもの）をみんなで視聴して、「『とける』について説明してみよう」と個人で考える時間をつくりました。

　次ページの写真はその時の子どもたちがタブレットPC上で整理したものです。

今の自分の考えだけでなく、「気になること」や「みんなと考えてみたいこと」も書けるようにしています。

こうすることで、これからの学習に対する自分なりの目的が生まれます。

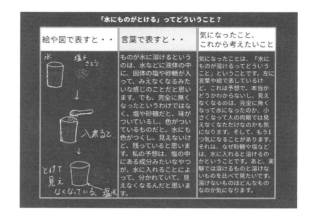

◆ 学習の途中や終わりで、子どもから出てきた「問い」

単元の最初に生まれた「問い」は、学習が進むにつれて少しずつ解決していきます。ただし、その全てが解決するわけではなく、単元の中心課題に関わるような「問い」は最後までなかなか解決しません。

また、単元の最初にはなかった「問い」が学習の途中に生まれます。少しずつ「わかる」ことが増えるからこそ、その知識を土台にしてまた新たに気になることが出てきます。

たとえば、先ほどの理科「もののとけ方」の学習では、「ものが水にとけたらその分だけ重さが増える」ということを学習した子が、「とけて見えなくなっても、消えたわけではないことが明らかになった。それではどこにいったのだろう」ということが改めて気になりました。

また、それだけでなく、「とけたものをもう一度取り出すことはできるのだろうか」、「どんなものがとけても同じなのか」ということも気になっていきました。

どのような教科の学習でも、1時間の終わりにはふり返りを書くようにしています。自分が学んだことや考えたことを整理している過程で、気になることやさらに考えたいことも生まれます。この「問い」が次の

時間の学習のめあてにつながります。

子どもから出てきた「問い」をどう大切にする？

　子どもたちが「問い」を出す場をつくっているのにも関わらず、それらを全て無視して教師が思うように授業を進めてしまっていませんか。それでは、子どもたちも「問い」を出す意味を持たなくなってしまいます。

　「子どもから出てきた『問い』を大切にする」とは、子どもたちが出した「問い」と学習をつなげられるようにするということです。

　「問い」を解決していく過程でわかることが増えたり、考えが深まったりすることができるようにします。

　最初は、子どもたちが出した「問い」を教師が拾って、学級全体で学習を進める形で構いません。それだけで、子どもたちは「自分たちが気になったことを自分たちで解決している」という実感を持ちます。

　教師が子どもたちの「問い」を大切にして学習を進めていくと、子どもたちも自分の「問い」を大切にしようとします。

「問い」を逃さない子を育てる

　子どもたちが「自分の『問い』を出す」という経験を何度も繰り返しできるようにすると、段々と「『問い』を出す」ことが当たり前になります。教師が授業と「問い」をつなげることによって、学習にとって意味のあることだと感じられるようになります。

　だからこそ、思いついた「問い」が消えてしまってはもったいないのです。メモしたり近くの人に伝えたりすることを習慣化できるようにします。「問い」は学びのエンジンだからこそ、子どもたちが自分の「問い」を逃さないようにしたいものです。

ポイント 子どもたちの「問い」を学習の中心にできるようにしよう

ステップ**2**
チャレンジする場を用意する

❺一人ひとりの
立場をつくる

 ## 誰かが意見を言って終わりの授業

みなさんの授業では、子どもたちが全員参加していますか。

一見、板書上や授業全体では子どもたちの考えが重なって深い学びが生まれたように見えるけれども、実は一部の子の考えだけで授業が成立していたということはないでしょうか。

私自身、過去にこのような授業をしてしまっていたことがあります。また、校内や全国の研究授業等でもこうした授業が見られることがよくあります。学級全体として一定のゴールに向かったので、教師として満足してしまっているのかもしれません。ただ、子どもたち一人ひとりを見ると……。

一部の子の考えだけで成立する授業を積み重ねると、「一部の子」でない子どもたちは、「どうせ○○さんが意見を言ってくれるから」、「最後に板書を写せばいいよね」となってしまいます。

学習することがどんどん他人事になってしまいます。

 ## 一人ひとりの立場をつくる

誰かに任せっきりにならないようにするために、授業では一人ひとりの立場をつくることを意識します。

「賛成・反対」、「共感・疑問」、「似ている・違う」、「わかる・わからない」……と、何でも構いません。

子どもたち一人ひとりが、「どう考えるか」、「どんな立場か」を表明できるようにします。自分の立場を表明する方法は、

- 挙手する
- ネームカードをはる
- 隣の人に伝える
- ICT機器を活用する

……など、たくさんあります。授業の始めや、お互いの考えが分かれてきていそうな中盤に、教師がこうした場づくりをすることによって、子どもたち一人ひとりが何となく過ごすのではなく、自分の立場をつくることができるようになります。

一人ひとりの立場のつくり方① 挙手する

「挙手」は一人ひとりの立場をつくる一番簡単な方法です。教師から「賛成の人？」、「反対の人？」……と問いかけをして子どもが挙手をするだけで、自然と子どもたちの立場をつくることができます。

いきなり学級全体で考えたり話し合ったりすると、授業についていけない子が出てきます。挙手で一人ひとりが「自分はこう考える」という立場を持てるようにすることで、全体の場でも自分の立場を大切にしながら仲間と共に考えることができます。

意見を聞かれる挙手とは違うので、子どもたちも手を挙げやすいです。それでも挙げにくい子がいるのであれば、「迷っている人」という立場もつくるといいでしょう。誰もがどれかで手を挙げられるような工夫を考えます。

一人ひとりの立場のつくり方②
ネームカードをはる

　誰がどの立場なのかをクラス全員が視覚的に見られるようにしたいときは、黒板（ホワイトボード）に立場を書き、そこにネームカードを貼れるようにします。

　右の写真は、道徳の学習で自分の立場にネームカードを貼っている様子です。どちらかの立場だけでなく、真ん中やどちらか寄りなど自分で自由に場所を決めて貼っています。

　一人ひとりの立場がわかりやすいので、「あの人はどうしてその立場なのだろう？」と、自分と似ている立場や違う立場の人の考えが子どもたちは気になります。

　考えを聴き合う過程で、ネームカードの位置を変える子も出てきます。ネームカードの移動で、考えの変化が教師にも子どもたちにもわかりやすくなります。

 ## 一人ひとりの立場のつくり方③　隣の人に伝える

　ただ単に「立場を選んで終わり」よりも、「誰かに自分の考えを伝える」ほうが、より自分の立場がはっきりとします。なぜなら、相手に自分の考えを伝える過程で、自分の考えが整理されるからです。

　全体の場で自分の考えを伝えるのは勇気がいりますが、近くの人になら伝えやすいです。また、一度自分の考えを誰かに伝えているからこそ、全体の場で伝えるハードルも下がります。

　全体の場で考えを聴き合う時にも、「いやいや、ボクはこう思うけどな」、「あ、私もその考えに似ている」……と、ついつい自分の考えを伝えたくなります。

一人ひとりの立場のつくり方④
ICT 機器を活用する

この４月から、１人１台端末が導入されたので、ICT 機器を活用して意見を表明することも可能です。Google の Jamboard や学習支援アプリの提出機能を使って、自分の考えを書き込んだものを簡単にみんなで共有することができます。

これまで紙のワークシートであれば、自分の考えを書いても発言しなければそのままでした。よくて近くの人とお互いのワークシートを見合うくらいです。

ICT 機器を活用して全員の考えを簡単に共有できる環境になったことによって、より「わかりやすく伝えよう」、「しっかりと考えよう」という思いが子どもたちの中に生まれるようになりました。

 ## 全員参加の学習の場にする

学習していることに対する自分の立場がはっきりとすることで、「あの人の考えは自分と似ていて……」、「いや、私はこう考えるけどな」と、子どもたちは「自分がどう考えるか」ということを大切にするようになります。全員が発言できなくても、自然と自分と他者の考えを比べるようにもなります。

自律性が育つためには、まずは学習することが他人事ではなく自分事にする必要があります。

「自分の立場をつくる」はその第一歩となる仕掛けです。

「挙手関係なしに考えを聞く」と同様に、子どもたちが全員参加する学習の場をつくる工夫をすることから始めていきましょう。

ポイント 一人ひとりが「自分」を出せる場づくりを工夫しよう

❻自己選択できる 学習スタイル

「みんな一緒」の学びからの脱出

　子どもたちが自律的に学習を進めていけるようにするためには、「個」の学びが確立されている必要があります。

　みんな一緒の発問に答えて、みんな一緒のノート整理をして……となってしまっていては、子どもたちの自律性はなかなか育ちにくいです。

　もちろん、「みんな一緒」の学習が悪いわけではありません。

　こうした場面があることによって、共通の土台をつくることができます。

　しかし、ずっとそのような学習をしていると、「みんな」の中に「個」が埋没してしまいます。**そこで、一人ひとりの「個」が表われる場面をできるだけ多くつくる必要があります。**

自己選択できる場をつくる！

　学習において、一人ひとりの「個」が表われる場面をつくるために、子どもたちが自己選択できる場をつくることを意識します。たとえば、

・考えを聴き合う相手を自分で選べるようにする
・学習を整理する際の手段（ノートやタブレット PC 等）を自分で選べ

るようにする

• 物語を読み深める時に、自分の「問い」をもとに追究できるようにする

……といったものです。子どもたちが「こうしてみよう」、「これが気に
なる」、「こんなことしたらいいかもしれない」と考えた上で、自分で学
習内容や行動を選ぶことが大切になります。

　はじめは自分で選択することに慣れておらず、どうすればよいのか戸
惑う子どもも出てくるかもしれません。

　しかし、こうした場を教師がたくさんつくることによって、自分で選
ぶことが子どもたちの中で少しずつ当たり前になります。

◆ 考えを聴き合う相手を自分で選べるようにする

　「数人で考えを聴き合う」といえば、これまでだと「近くの人」か「先
生がつくったグループ」が一般的でした。もちろんこうした場での聴き
合いも大切です。しかし、子どもたちに自由さはありません。

　そこで、教師から「クラスの他の人の意見を聞いてみよう。自由に動
いていいよ」と声をかけます。そうすると、子どもたちはさまざまな友
だちに考えを聴きに行けるようになります。

　こうした交流がいきなりうまくいく訳ではありません。最初は、日頃
から仲がよい子や話し
やすい子など、安心で
きる相手から交流し始
めます。

　もちろん、安心でき
る相手との交流も大切
です。しかし、それだ
けではどこか考えに偏
りが出てしまう可能性

タブレット PC を使って友だちに考えを聞く子どもたち

があります。

　そこで、「自由に聴き合う際にどんなことを大切にしたらいいだろう？」と問いかけて自由交流の目的を考えられるようにしたり、教師から「まずは自分と違う立場の人の考えを聴き合おう」と声かけしたりすることで、日頃の仲のよさなど関係なしにあらゆる考えの人と交流できるようになります。

学習を整理する手段を自分で選べるようにする

　「学習を整理する手段を子どもたちが選べるようにする」ことも子どもたちの「個」が表われやすい場づくりです。教師が決めたように「ノートに整理する」だけでは、子どもたちの「個」は表われにくいです。

　子どもたちは低学年から、紙ノート・ワークシート・タブレット PC 等、いろいろな学習整理の手段を経験します。これまでの経験を生かして、理科の実験内容を整理する時には写真を使えるタブレット PC、国語で自分の考えを整理する時にはどんどん自由に自分の考えを書ける紙ノート……と、学習内容に応じて、自分なりに「よりよい整理の仕方」を選ぶことができるようにします。

　時にはうまくいかないこともあります。ただ、自分で「こうしてみよう」と思っているからこそ、うまくいかない経験も生かして次はさらによりよい学習整理の仕方を見つけようとします。

自分の「問い」をもとに追究できるようにする

　自分の「問い」をもとに追究できるようにする、ということも子どもたちの「個」が表われやすい場づくりです（54 〜 59 ページを参照）。

　教師から与えられた「問い」を考えるだけでは、子どもたちは受け身になってしまいます。自分の「これが気になる」、「これを明らかにしたい」という思いをもとに、自ら学習したいことを選べるようにすると、学習

することが自分事になります。

「今日、明らかにしたいことは？」、「これから考えたいことは？」といった問いかけをすると、子どもたちは自分の「問い」を意識することができます。

毎回、全ての授業で自分の「問い」だけを考えるのは難しいかもしれません。しかし、単元を通して常に自分の「問い」を大切にして学習が進められるようにしたいものです。

たとえば、国語「ごんぎつね」（新美南吉作）では、「私は、ごんの心情の変化を考えていきたい」、「ボクは、最後の一文について読み深めていきたい」と、自分が追究することを選べるようにします。

1つの「問い」を中心に追究していくと、また新たな「問い」が生まれます。「問い」が連鎖していく過程で、単元全体の学習内容を広く深く学んでいくことができます。

自分にとってよりよい学び方を更新する

人から言われたことに取り組むだけでは、どこか他人事になってしまいます。うまくいかないことがあってもそのままにしてしまったり、すぐに誰かのせいにしたりするようにもなるでしょう。

しかし、自分で決めたことだと最後までやり遂げようとしたり、うまくいかなかったら次にどうすればよいかを考えようとしたりします。自分で選んだことによって自分の学習に対する責任感も生まれてきます。

何度も「自分で選ぶ」場をつくることによって、子どもたちは自分の頭で考えたり、工夫したりするようになります。

この過程で自分にとってよりよい学び方を見つけていくことができます。すぐに教師に頼ったり、誰かのせいにしたりするのではなく、自分に目を向けて、絶えず更新していくことを大切にしていきます。

ポイント 「個」が表われる学習の場づくりを工夫しよう

❼自己選択できる 宿題計画

 ## 何のための宿題なのか？

　「どのような宿題を出せばいいのだろうか」と、日々悩んだり考えたりしている先生は多いのではないでしょうか。自主学習ノート、けテぶれ……など、宿題についての実践や書籍も多く目にします。

　私が初任の頃は、あまり何も考えずに、1日に「計算ドリル1ページ、漢字ドリル1ページ、プリント、日記」とみんな同じ宿題を出していました。

　子どもたちにつけたい力について深く考えられておらず、「宿題があるのは当たり前だから」、「家庭学習の習慣をつけるため」といった理由で宿題を出していました。

　子どもたちの学習について考えることが増えていくにつれて、「何のために宿題を出すのか」ということを考えるようになりました。自分ひとりでは考えられないため、子どもたちと一緒に考えたところ、

- 自分にとってまだよくわからないところをきちんと理解するため
- これから学習することについて、少し自分なりに勉強しておくとわかりやすくなる
- 自分が興味のあることについてじっくり考えるため
- 自分自身が成長するため

……といった言葉が出てきました。

　子どもによって考えていることはそれぞれですが、このように子どもたち自身がその意味をきちんと捉えようとすることが大切です。

自己選択できる場をつくる

　子どもたちの言葉にもある「自分にとって必要なこと」は、子どもたち一人ひとりによって違います。計算練習に取り組む必要がある子もいれば、漢字について学習する必要がある子もいます。

　また、「○○する必要がある」だけでなく、「こんなことがしたい」、「こんなことをくわしく知りたい」ということも子どもによって違います。

　だからこそ「みんな同じ」宿題を出すのではなく、子どもたち一人ひとりが自分に必要な宿題に取り組めるようにする必要があります。

　私の学級では、このように子どもたちが自分で宿題計画を立てられるようにしています。

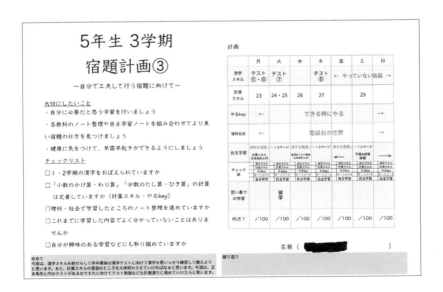

「計算が完璧にできるようになりたいから、計算に取り組む時間が多くなるようにしよう」、「漢字がまだ覚えられていないから、今週は漢字週間にしよう」、「社会のテストが来週あるから、教科書を読んでノートに整理しよう」と自分で考えて計画を立てます。

自分にとってよりよい学び方を更新する

最初から全てがうまくいくわけではありません。たとえば、
「計画を立てたけれども、結局違うことをした」
「予定を詰め込みすぎて、終わらないまま過ぎていった」
「漢字を覚えられていないのに、計算ばかりしていた」
……など、いろいろな「うまくいかない」が発生するでしょう。こうした「うまくいかない」経験が成長につながります。

ただ単にそのままにしておくと「失敗」で終わってしまいますが、ふり返る機会をつくったり、仲間とうまくいく方法について考えたりすることによって、「よりよい宿題のあり方」についての考えを更新していくことができます。

> ふり返り
> 先週の宿題はうまくいったことが結構ありました。うまくいったことは、自分が選んだプリントを全部やり遂げて、その計画通りにできたことです。自分の必要な量を選んでできたことも良かったんじゃないかなと思います。
> 例えば、今日水産業のテストがあったから、社会の水産業のプリントを2枚ぐらい選んで本当に必要な量なのかを判断できました。今日のテストで、「プリントでやっておいてよかった」と思ったものがありました。
> あと、自分の苦手な科目のものを選びました。やっぱり、宿題というのは自分のためにあるものなので、今週もしっかり意味のある宿題にしていきたいです。

左ページは、宿題についての5年生のふり返りです。ふり返ることで、自分の課題や次に頑張ることを見つけています。教師から「こうしましょう」と言わなくても、自分で考えられています。

ふり返る基準は「自分の成長につながっているか」です。

こうした視点で絶えず考え続けることによって、自分にとってよりよい学び方をどんどん更新させていくことができます。

 ## 「宿題とは何か」を共に考え続ける

今までの話をうけ、「子どもに任せることが大事なのですね」と考えるかもしれませんが、ただ単に「任せる」だけではうまくいきません。気づいたら、宿題をする子とほとんどしない子に分かれてしまう可能性があります。

「やっぱり教師から声をかけないといけない」となってしまい、「宿題しなさい」、「なんで何もしないの」となってしまっては、本末転倒です。

ただ単に任せて終わりにするのではなく、「宿題とは何か」ということを、教師と子どもたちとで絶えず考え続けていきます。

ずっと考え続けることによって、子どもたち同士でアドバイスをし合ったり、うまくいっていないことについて目を向けたりするようになります。

「宿題とは何か」と考えることは、「学習するとはどういうことか」を考えることにつながります。

ついつい子どもたちに「やらせる」ことになりがちな宿題だからこそ、子どもたちと共に「よりよい宿題」について考えることを大切にしましょう。

どうすればよいかは子どもたちが少しずつ見つけていきます。

ポイント 自分に必要な学習を見つけられる宿題にしよう

❽ふり返ることで「個」の学びに戻す

◆ 学習のまとめって？

　私が大学生や初任の頃には、「授業の最後には、きちんとまとめを書きましょう」と教わりました。「まとめを書くことによって、子どもたちがこの1時間で学習したことが理解しやすくなる」とのことでした。

　そのことが頭に入っていたので、授業ではいつも板書の最後に「まとめ」というマークを書き、その1時間で大事なことを整理していました。子どもたちもその「まとめ」に書かれていたことを丁寧にノートに写していました。

　「授業には、めあてとまとめが絶対に大切である」ということがスタンダードとしてある自治体も多いようです。めあてにもまとめにもそれぞれ意味があることなので、「必要がない」訳ではありません。

　ただ、もし「みんな同じ」まとめを、多くの子が写しているだけになってしまっているのであればおかしな話です。子どもたちの自律性はどんどん失われていきます。

◆ 自分の言葉で学習をふり返られるようにしよう！

　私の学級では、私が学習のまとめを書くのではなく、子どもたち自身が自分の言葉で学習したことをふり返られるようにしています。

その際、ただ単に学習したことを整理するのではなく、考えたことや気になったことも言語化できるようにします。

右は、国語「大造じいさんとガン」の学習において、グループで考えを聞き合った後にふり返ったものです。

> 「振り返り」
> 今日、だいたい同じハテナの人と聴き合いました。だいたいいうか意見が一緒だったんだけれど、　　さんが、情景描写と心情の変化を繋げていて繋げてみるといろいろなことがわかりました。私は、そんなに情景描写のことを考えていなくて考えてみるといろいろな発見がありました。それで、聞き合う中で、ハテナが出てきました。それは、最後の場面の大造じいさんの気持ちです。大造じいさんは、「また堂々と戦おうじゃないか。」と言っているけれど、そのあといつまでも、いつもでも見守っていたのであれば、ちょっと寂しかったのではないのかなぁと班で言っていました。私の考えだけだと、また堂々と戦いたいだけじゃないかなぁと思っていたけれど、班で聴き合ってみるといろいろな意見が出ました。最後の場面の大造じいさんの気持ちがまだ全然わかりません。なので、考えていきたいです。

ふり返りながら、自分が考えたことを整理したり新たに気になったことを見つけたりしていることがわかります。

これは、教師がまとめを書いて、それをノートに書いているだけでは見られない姿です。ふり返ることによって、1時間の学習を自分なりに意味づけすることができるようになります。

◆ 「個」の学びを更新していけるようにする

協働して学習を進めていく場面はたくさんあると思いますが、あくまでも「個」の学びがあるからこそ、協働の学びも成立します。

協働の学びの最後に教師がまとめを書くだけでは、誰のための学習なのかよくわからなくなります。「結局、先生の言うことが大事なのね」と思ってしまう子も出てきます。

そうではなくて、きちんと「個」の学びに戻すことで、子どもたち自身が「個」の学びを更新させていくことができます。

「個」→「協働」→「個」の流れを意識して場づくりすることによって、子どもたちは自律的に学ぶことができます。

ポイント 「個」→「協働」→「個」の流れを意識しよう

❾学習の評価基準を 子どもたちと考える

何のために評価するのか？

学習指導要領の改訂に伴って、評価の観点が「知識・技能」、「思考・判断・表現」、「主体的に学習に取り組む態度」に変わりました。

「これまでとどう違うのか」について考えたり、評価そのものについて捉え直したりした先生も多いと思います。

そもそも、私たちは何のために学習評価をするのでしょうか。文部科学省の答申には「子供たち自身が自らの学びを振り返って次の学びに向かうことができるようにする」と書かれています。決して、「あなたはこうです」、「これができていません」とラベル貼りをするためのものではありません。子どもたちのよりよい成長を支えるものです。

子どもたちと評価基準を考える

教師が一方的に評価するだけでは、子どもたちはただ単に「それを受け止めて終わり」になってしまいます。そうならないために、子どもたちと評価について一緒に考えるようにします。

たとえば、社会で学習したことを整理する時の基準となる評価である「『工業の仕組みとこれからの工業』について工夫して整理する」について、子どもたちの考えを尋ねました。

すると、「自分の考えが書かれているとさらによいよね」、「教科書に載っていないことについても自分なりにまとめているとさらによいかもしれない」と、「さらによい基準」を見つけようとしました。

　また、「そもそも『工夫する』ってどういうこと？」と問いかけると、「ページごとに種類分けする」、「キーワードがわかるようにして整理する」など、自分なりの「工夫」についても話し出しました。

　他にも、「自分の考えをどのように表現すればよいか」、「調べたことをわかりやすくまとめるとは」と、基準となる項目について細かく子どもたちと考えていくことで、子どもたちが目指すべきものがどんどん明確になりました。

 ## 自分を見つめる目を豊かにする

　この「社会の学習整理」についての評価に関して、単に教師から「基準はこれです」、「あなたはA」、「あなたはB」とするのは簡単です。

　ただ、そうなると、子どもたちは「評価基準を持つ人は先生である」と捉えてしまいます。

　すると、教師のよい評価をもらうことが目的になってしまう子や、「もう評価なんてどうでもいいや」と思って適当に学習してしまう子が生まれてしまいます。何もよいことがありません。

　評価について自分で考えることで、自分を見つめる目が豊かになります。自分の中での基準と、他の人との基準を重ね合わせていく過程で、「もっとこうすればいいかも」、「こんなことができるかも」、「こんなことをしてみよう」という思いが生まれます。

　また、たえずその評価基準と照らし合わせながら、「自分はどうかな」と問い続けることもできるでしょう。**評価者が他人ではなく、自分になった時に自律性はさらに育ちます。**

　ポイント 自分の学習をよりよくする視点を持てるようにしよう

❿テストを生かす

何のためのテストなのか

　各単元での学習の終わりには、必ずテストを行います。みなさんはこのテストをどのように活用しているでしょうか。私が初任の頃は、あまり深く考えられておらず、「成績をつけるために必要」、「理解の度合いを（教師が）測る」といった捉え方しかできていませんでした。

　ただ、子どもたちの学習について考えることが増えるにつれて、少しずつ「子どもたちにとってテストはどう意味があるのか」ということを考えるようになりました。

　また、子どもたちとも一緒に「何のためにテストをするのか」を考えたところ、

- 自分のわかっていることやわからないことを知る
- 自分のこれまでの学習の仕方についてふり返るきっかけになる
- 自分のテストでの取り組み方について考えるきっかけになる
- もう一度何を学べばいいかを知る

……といった考えが出ました。

　最初は、子どもたちも「テストはあるもの」としか捉えてなかったのですが、考えを聴き合う中で自分なりの意味づけをしていました。

テストをもとに学習をふり返る

　子どもたちの言葉にもあるように、テストを通して自分の現在地を知ることができます。決してテストがゴールではなく、テストを通してさらに学び直したり、考え続けたりすることができます。

　ただ、放っておいてもテストをそのように活用する訳ではありません。**テストを終えてふり返る場をつくることで、自分を見つめ直したり、次に進む方向を考えたりすることができます。**

　テストを返しても「やったー」、「うわぁ、最悪」で終わりがちです。そうではなく、「テストをもとに学び続ける」ことを大切にしたいものです。

 ## テストを振り返る場のつくりかた

　テスト返却時の学習は以下の流れで進めています。

1　テストを返す前に「どうだった？」と問いかけて、近くの人と軽くふり返ることができるようにする
2　間違いが多かった問題や、改めて押さえておきたい内容に関する問題を提示して、みんなで考える
3　テストを返却して学び直す
4　ふり返りをノートに書く

　いきなりテストは返しません。近くの人と「どうだった？」、「○○の問題難しかったよね」、「△△のところを書き間違えたんだよね」、「今回はうまくいったと思う」と軽くふり返る場面をつくります。

　こうした時間で、子どもたちはテストの内容や自分の取り組み方を思い出します。これから返ってくるテストに対する意識が高まります。

　その後、間違いが多かった問題や、改めて押さえておきたい内容に関

する問題を電子黒板に映し出します。みんなで学び直すことによって、よりその問題や学習内容が心に残ります。

　実際にテストが返ってきたら学び直しの時間とします。まずは、教科書等を参考にして自分で解き直したり、周りの人に相談したりします。いきなり解答は渡しません。もう一度きちんと自分の頭で考えられるようにします。

　周りの人と学び合う際にも、簡単に答えを写し合うようなことはしません。テストは学び直すきっかけになるものだからこそ、改めてきちんと学習内容を理解できるような学び合いを意識できるようにします。そうすることで、説明をする人も聞く人もどちらも学ぶ機会になります。

　全て学び直した後に、ふり返りを書きます。

**　テストの結果をもとに、①テストまでの学び方はどうだったか、②テスト中の過ごし方はどうだったか、③今後にどのように生かしていくか……といった視点でふり返ることができるようにします。**

　①では、「わからないことをそのままにせずに質問すればよかった」、「学習整理の時に自分の視点で情報を組み立てて整理したからより理解できた」と、学習時の自分とつなげます。

　また、「忘れやすいことについては、きちんと家で練習をすればよかった」と、家庭学習にも目を向けられるようにします。

　②では、「テスト中には合っていると思って見過ごしていたものが間違っていたから、きちんと見直すべきだった。いや、解き直しをしていくほうがい

い」、「問題で聞かれていることについて線を引いて強調させたから、勘違いせずに解くことができた」……と、テスト中の自分を見つめ直すことができるようにします。

　テスト後の感想に多い「やればできた」、「ケアレスミスだった」……と簡単に終わらせてはもったいないです。自分の力を全て出し切る方法も見つけていくために、きちんとテスト中の過ごし方をふり返ることができるようにします。

　①と②が充実すると、③の内容がはっきりとします。テストを通して③を考えることで、テストの学習内容の理解だけでなく、自分の「学び方」を更新させていくことができます。

◆ 自分にとってよりよい学び方を更新する

　「授業中に、本当にわかるまで考え続ければよかった」とふり返った子は、次は授業中での過ごし方が変わります。

　また、「テスト中にただ単に見直すのではなく、解き直すことが大事だと思う」とふり返った子は、テスト中の過ごし方が変わります。

　もちろん、ふり返ったからと言って、すぐにその行動が変わるとは思いません。「ふり返った時は考えていたけれども、実際の行動は……」ということもあるでしょう。

　しかし、何度も繰り返すことによって、少しずつできることが増えていきます。こうした少しずつの成長を大切にしたいものです。

　「テストとはこういうもの」はこちらから押しつけるものではありません。自分なりに意味づけをすることによって、自分でテストを生かしていけるようになります。テストの点数で一喜一憂する子ではなく、テストを通して自分の学びを更新していく子を育てていきます。

ポイント　テストを自分のために生かせる機会にしよう

第4章

学級経営で
協働性を育てる
仕掛け

❶まず子どもたちの
つながりの状態を把握する

いきなり「協働」なんて無理と思っておく

　4月当初から、教師が思い描く「協働」の姿が実現しているのであれば、もう教師が仕掛けをする必要はありません。

　しかし、実際はうまく協働できない姿が見られることが多いと思います。クラス替えをして、新しい仲間やこれまでよい関係を保てなかった人とも一緒に過ごすため、こうした姿になるのは当たり前です。そこで、いきなり理想の「協働」の姿を子どもたちに押し付けてもうまくいきません。

　「いきなり『協働』なんて無理」と思っておくと気が楽になります。子どもたちの成長を大きく受け止めることができるでしょう。

つながり度合いを把握する必要性

　まずは、思い描く「協働」の姿に向けて「何が足りないのか」を考える必要があります。

　そのために、子どもたちの現在のつながり度合いを把握します。

　これは、きれいに字を書けない子がいた時に、「鉛筆の持ち方が悪いのか」、「4マスを意識できていないのか」……と分析するのと同じです。適切な現状把握が適切な対応を生み出します。

ただし、「何が足りないのか」を意識しすぎると、できていないことばかりに目がいってしまいます。「何ができているのか」、「うまくいっていることはどんなことか」も同時に見つけていきましょう。

 ## どのように把握するか？

　子どもたちが自然に過ごす様子を観察することはすぐにできるはずです。**遊び時間、登下校、学習のグループでの時間など子どもたちが関わり合う中でどのようなつながりを持っているかを見ていきます。**

　また、その時の仲良しの様子だけではなく、これまでの学年でどう関わり合ってきたか、保護者同士がどう関わっているかというところまで探っていくとよいでしょう。これまで子どもたちがどのように他者とつながり合って生きてきたかを知ることが大切です。

　子どもたちの関係性は日によって変わります。「きっと仲がよいだろう」と単純に捉えるのではなく、さりげない目の動きや素振りなどを細かく捉えて、常に現状を捉え直していきます。

　こうして子どもたちのつながり度合いを把握していくと、

つながりレベル1	**日常生活でも、学習時でも誰ともつながることができない**
つながりレベル2	**日常生活ではつながりがある子がいるが、その子以外とは学習時に協働して物事に取り組めない**
つながりレベル3	**日常生活ではつながりがない子とも、学習時には協働して物事に取り組むことができる**

……といった姿が浮かび上がってきます。こうした現状を把握することで、よりよい「仕掛け」を考えることができます。

　ポイント 子どもたちのつながりレベルを知って仕掛けを考えよう

ステップ**1**
子ども同士が関わる場を増やす

❷簡単な会話の場をつくる

 ## つながりを生み出す会話が「協働」をもたらす

みなさんは、職場で周りの人とどのように関わっていますか。大きな
プロジェクトに取り組む、物事を一緒に解決するといった大きな協働作
業の前に、まずは簡単な会話を行っているのではないでしょうか。

「おはようございます」、「最近調子はどう？」……と会話は人と人と
をつなぎます。こうした会話が起こらない職場なんて居心地が悪くあり
ませんか。自然と会話が起こるゆるやかなつながりが、大きな「協働」
に効果をもたらします。

学級でも同じです。自然な会話が学級内であふれると、子どもたちは
互いにつながりやすくなります。

 ## どんな話題で会話する？

ただ、最初は自然と会話できる相手が限られているかもしれません。
お互いにドキドキしているからこそ、さらっと声かけすることができま
せん。

そこで、朝の会やふとした時間に会話できる場を設けます。

ただし、いきなり「会話しましょう」といっても子どもたちは何を話
していいのかわかりません。だからこそ、教師が話題を提示します。

- 今日の元気度合いを 10 点満点でつけると？
- 1 週間学校がなかったら何をする？
- 目玉焼きにかけるのはソース？　しょうゆ？　それとも……
- 20 年後に生まれそうな仕事は？

　こうした話題だと子どもたちは自然と自分の考えていることや思っていることを相手に伝えることができます。「どんな話題なら盛り上がりそうかな」と、子どもたちの様子を見て考えます。

　日常生活で誰もが経験しているようなことを話題にするとよいでしょう。または、立場が分かれるようなことや未来のことを話題にすると、正解がないのでどんな子でも安心して話すことができます。

単なる会話で終わらせない仕掛け

　先ほども少し書きましたが、「夏休みと冬休み、どっちが好き？」、「夏休みに行くなら海？　山？」といった身近で簡単な話題だと、子どもたちの考えが分かれて会話が盛り上がります。

　決してどちらかが正解というわけではありません。

　ただ自分の立場の考えをよいものだと相手に伝えるためには、しっかりと根拠や理由を伝える必要があります。何となくの会話から、「自分の主張をよりよく伝える」ために大切なことを学ぶことができます。こうした力が育つことで、会話が議論、対話へと進化していきます。

　また、相手に自分の考えを伝えるよさ、相手の考えを聴くよさを子どもたちが実感すると、他の場面でも大切にしようとします。

　こうした実感が生まれるような場づくりを意識すると共に、その思いが学級内に広がるように仕掛けていきます。

ポイント 簡単にできる会話でつながりを生み出そう

❸ 遊びでつなぐ

 ## 遊ぶのが好きな子どもたち

みなさんが子どもの頃、学校で何をするのが楽しかったですか？

- １人で絵を描くのが好きだった
- 図書館の本をたくさん読むのが好きだった
- 理科の実験をするのが好きだった

……と、人によって楽しかったことは違うと思います。

　その中で、「遊ぶのが楽しかった」という人が多いのではないでしょうか。勉強よりも友だちとたくさん遊んだことを思い出す人もいるでしょう。今の子どもたちも同じです。休み時間になったら楽しく元気に遊ぶ姿が見られます。

　遊ぶ際には子どもたちの自然な姿が見られます。ワクワクしたりドキドキしたり、時にはけんかをしたりしながら他者と共につながりながら過ごしています。

　この遊びの場を通してどのように子どもたち同士をつなぐか考えます。

教師が遊びの場をつくる

　学級のつながりがあまり見られないときには、教師がまず遊びの場をつくることを意識します。

- 何でもバスケット
- ダウトをさがせ！（自己紹介ゲーム）
- なぞとき宝さがし

……といった遊びははじめの遊びとしてふさわしいです。なぜなら、単に遊ぶだけではなく、遊びの中で他者とつながる場面があるからです。
　遊びを通して相手のことを知れたり自分のことを伝えられたりすることによって、少しずつ子どもたち同士がつながります。

 ## 教師も一緒に遊びに行く

　休み時間、お互いに支えあって遊べる子もいれば、なかなかそうでない子もいます。1人で居ることや、違うことをすることが好きな子は別に構いません。しかし、「本当は友だちと遊びたいのに……」と思っているけれどもなかなか動き出せない子もいます。

　こうした子を見かけたら、一緒に遊びに行くようにします。

　こうした子は教師が一緒だと安心するようです。**ごく自然に「先生も遊びたいから一緒に行こう」と誘い出します。** その子の「遊ぶ場に行く」という勇気を支えます。

　実際、遊び出すと自然とつながる様子が見られます。徐々に、子どもたち同士で誘い合えるようになれば、私は徐々にフェードアウトしていきます。

（ポイント）**遊びを生かして自然と子どもたち同士のつながりをつくろう**

❹ 「知らないふり」をして 子ども同士をつなぐ

 教師にしょちゅう質問してくる子どもたち

学級に「先生、○○していいですか？」、「先生、これはどうしたらいいですか？」といった質問をしてくる子はいませんか。4月当初や、低学年になるほど、こうした質問をしてくる子が多いように感じます。

もちろん、わからないことを質問する姿勢はとても大切です。

わからないことをわからないままにしておくと、できないことが多くなります。それはよくありません。

しかし、子どもたちの質問にいつも教師が答えていると、子どもたちは「何かあれば先生を頼ればいい」と思ってしまいます。

教室にたくさん仲間がいるのにもかかわらず、教師にばかり頼っているのはもったいないです。

 教師に頼らせない

そこで、教師に頼らせない環境をつくります。決して質問を受け付けないわけではありません。質問されたら、教師が答えず、他の子どもにつなぐということです。たとえば、

子ども「先生、タブレット PC で写真編集するにはどうすればいいです

か？」

教　師「写真編集してみたいんだね。誰かに聞いてみた？」

子ども「いや、誰にも聞いていません」

教　師「○○くんがくわしいよ。ぜひ質問してごらん」

子ども「わかりました。聞きに行きます」

……と、子どもからの質問に、直接「こうしたらいいよ」とか「こうすべきだよ」と答えないようにします。教師が答えることはいつでもできます。だからこそ、一歩引いて他にできることはないかを考えます。

　ただ単に「○○さんに聞いてごらん」とつなぐのではありません。

　質問してきた子とのこれまでの関係性を考慮して、つなぐ相手を決めます。いつも仲良しの子だけでなく、少しでもつながりが広がるようにします。

 ## 頼り、頼られる関係をつくる

　こうしたやり取りを何度も重ねることによって、「何かあったらすぐに教師に質問するのではなく、まずは周りの人に相談する」ということを子どもたちの中で当たり前のようにできるようにします。

　それでもわからないことがあれば教師に頼れるようにします。

　こうして子どもたち同士をつないでいくと、「虫のことなら○○くんに聞こう」、「ICT機器のことなら△△さんに聞くとわかりやすく教えてくれる」……と、状況に応じて頼る相手を変えていけるようになります。

　また、頼ることを通して、相手のよさを知っていきます。

　大人でも周りの人に頼ることができる人が少ないようです。子どもの頃から、こうしたことが当たり前になることによって他者と支え合いながら物事に取り組むことができます。

　教師はそのきっかけづくりを意識して仕掛けていきます。

ポイント **子どもたち同士がお互いに頼り合う関係をつくろう**

❺ ビジョンを共有する 問いかけをする

 ビジョンを共有するとは？

　旅行する時、「ここに行こう」という目的地があるからこそ、そこに向かって進んでいくことができます。もし、目的地がはっきりとしていなければ路頭に迷ってしまいます。

　子どもたちが仲間と共に過ごす時も同じです。ビジョン（「将来のあるべき姿を描いたもの。将来の見通し。構想。未来図。未来像。」(大辞林)）が共有されているからこそ、共に進むことができます。

　ビジョンとは、「こうしましょう」、「こうしなさい」といったルールではありません。「こうありたい」、「こうなりたい」といった理想の姿です。誰かから与えられるものではなく、自分たちで見つけていくものです。

 どのようにビジョンを共有するか？

　いきなり子どもたちだけで「さぁ、ビジョンを共有しよう」という話にはなりません。はじめは教師が声をかける必要があります。

　「どんなことを大事にしたい？」、「どんなことを頑張りたい？」、「3月にはどんな姿になっていたい？」と問いかけます。一人ひとり違う思いがあるからこそ、重ね合わせることによって「学級として大事にした

いこと」が見つかります。

　**誰かが意見を言って終わりにするのではなく、できるだけ多くの子ど
もの意見を集められるようにします。**なぜなら、全員で考えるものだか
らです。全体で話をする前に、一人ひとりが紙に書いたり、グループで
話し合ったりしておいてもいいかもしれません。

　互いの思いをもとに共有ビジョンができあがったら終わりではあり
ません。その上で、子どもたち一人ひとりが「自分が大事にしたいこと」
も見つけられるようにします。個人ビジョンがない限り、どこか他人事
になってしまう子どももいます。

◆ 絶えずビジョンを意識しながら共に進む

　また、最初にビジョンを共有したらそれで終わりではありません。4
月当初にビジョンを丁寧に共有したにも関わらず、ずっと放置されてい
れば子どもたちはその存在を忘れてしまいます。

　放置されたままだと、子どもたちは「ビジョンってそんなものなのか」
と感じてしまいます（子どもたちには「ビジョン」という言葉を使って
いません。「大事にしたいこと」等の言葉を使っています）。そこで、教
師からの声かけをきっかけにして、ビジョンを思い出せるようにします。

「今、自分たちはどこまで進んでいるのか」
「次に進むために大事な事は何か」

　……と問いかけることで、子どもたちが自分の現在地を把握できるよう
にします。自分たちの現在地がわかると、次に進もうとします。

　最初は教師が問いかけますが、子どもたちが自分たちで問いかけられ
るようになると、自分たちで突き進んでいくことができるようになりま
す。そのきっかけを教師が仕掛けます。

ポイント 子どもたちとビジョンを共有して、共に進もう

協働できる活動

❻毎週班替え

 ## 子どもは班替えを楽しみにしている！

私が小学生の時、教室で行われる班替えがとても楽しみでした。

「もうそろそろ班替えしてくれないかなぁ」、「次は誰と隣になれるかなぁ」とワクワクしていたことを思い出します。

今の子どもたちも班替えを楽しみにしている子が多いです。もちろん、「今の班がよい」という子もいますが、班替えが行われることを待ち遠しく感じている子の方が多いように感じます。

子どもたちにとって「環境が変わる」ことが嬉しいのでしょう。ずっと同じ環境で過ごすことは楽しくありません。大人でも同じではないでしょうか。

席替えを通して、子どもたちの関係性に変化をもたらすことができます。子どもたちの協働性を育てる仕掛けにもなります。

 ## どのように毎週班替えを行うか

私は、これまでの学級で班替えの方法をたくさん試してきました。くじ引き、ネームカードをランダムに並べる、自分たちで決める……とそれぞれのよさがありました。

また、班替えを行う期間も、1ヵ月に1回、給食当番が全部回ったら、

日直が全て回ったら……など、状況に応じて変えてきました。班替えはしないけれども、席だけ替えることもありました。「どの周期がいいのだろう」と絶えず試行錯誤していました。

現在は、1週間に1回班替えを行っています。

できるだけ多くの人と関われるようになってほしいからです。

「前の方に座りたい」という希望を聞いた上で、ホワイトボード上にネームカードをランダムに貼って班替えを行います。男女比は気にしません。また、座る場所については班の4人で相談して決めます。自分たちにとってよりよい座り方を考えられるようにしています。

さらに、班の4人で役割を決められるようにしています。リーダー、副リーダー、配達（前にある手紙を班の人数分とって配る）、郵便（提出物を班で集めて先生に届ける）と、自分たちに必要な役割を見つけて分担します。それぞれの役割にできる仕事を見つけようとします。

 毎週席班替えを行う効果とは

班替えを毎週行うことによって、子どもたちは多くの人と関わることができます。関わるからこそ、相手のよさを知ったり、いろいろな人との関わり方を見つけたりすることができます。

たとえうまくいかないことがあったとしても、1週間で終わります。子どもたちも「1週間で終わりだから」と割り切って過ごすことができます。もし、1ヵ月も続いたら……、辛いですよね。

班で楽しく過ごせる時もあれば、そうでない時もあるでしょう。「その違いはどこから生まれるのか」ということを考えることで、他者とよりよく過ごす方法を見つけることができます。

班替えの頻度を高めることによって、こうしたことに気づく機会を増やすことができます。

ポイント **さまざまな人と関われる場をできるだけ多くつくろう**

協働できる活動

❼有意義な係活動

 学級がよりよくなる係活動！

みなさんの学級には、どのような係がありますか？

生き物係、図書係、ゲーム係……など、子どもたちの希望を聞いた上で係活動の場をつくられている学級が多いのではないでしょうか。

最近は、「会社活動」や「プロジェクト活動」と、名前を変えて取り組まれている学級も多くあるようです。これらは、給食当番や掃除当番などの「なかったら困る」活動とは違い、「なくても困らないけれども、あることで学級がよりよくなる」活動です。

私が小学校の時にも係活動がありました。小学校現場ではずっと行われている取り組みです。中学校、高校でもこうした活動が行われている学級もあるようです。

 どのような係活動があるのか

私の学級で、これまで実際にあった係を紹介します。

- スケット団（お助け係）
- 漫画係
- 動画作成係

- イベント係
- とにかく盛り上げ係

……など実にさまざまです。私が小学生の頃に比べて、種類も豊富になっています。子どもたちは、身近なものからイメージして考えているようです。ICT機器を活用してできることがさらに増えました。

　左頁に「なくても困らないけれども」と書きましたが、**活動がさかんな係ほど、学級になくてはならない存在になります。なぜなら、自分たちの生活をより豊かにしてくれるからです。**

有意義な係活動にする仕掛け

　有意義な係活動にするために、まずは「思ったことをやってみる」ようにすることを大切にします。

　子どもたちの「こんなことをやってみたら楽しそう」、「こんなこともできるかも」という思いを丁寧に受け止めます。

　教師から見たら「ん？　これはどうだろう」と思うものもあるかもしれません。ただ、「こうしなさい」、「こうしましょう」と言ってしまうと、子どもたちはやる気を失います。お互いの生活をよりよくするための係活動が、教師の顔色をうかがう係活動になってしまいます。

　ただし、こうしてやる気を持って活動し始めても、放っておいたら活動しない係が出てきます。そこで、週に10分だけでもきちんと集まる時間を取るようにします。

　そこで、きちんとお互いの活動をふり返ることができるようにします。「次はこうしてみよう」、「もっとこんなことをしよう」と見つけることができると、係活動が充実していきます。ただ単に「任せる」のではなく、ふり返りをすることによって「有意義」な活動になっていきます。

ポイント お互いの笑顔を生む係活動になるようにしよう

協働できる活動

❽パワーアッププロジェクト

学級で見られる子どもたちの課題

みなさんが学級で子どもたちと過ごしていて、「ここがもう少しできるようになると、さらに成長できるのになぁ」、「ここがうまくいっていないなぁ」と感じる子どもたちの課題にはどのようなものがありますか。

• 学校に必要なものを忘れることが多い
• 整理整頓ができなくて、机の上がすぐに汚くなる
• 給食準備がなかなか終わらない
• 掃除当番活動で最後まできれいにそうじすることができない

……と、個人の課題や学級全体の課題が挙げられるでしょう。

こうした課題に対して、教師が1つひとつ対応していくのはとても大変なことです。支えきれない課題で山積みになります。

パワーアッププロジェクト

そこで、子どもたち同士でお互いの課題や学級の課題を解決していけるようにします。これが「パワーアッププロジェクト」です。「お互い

の課題を解決していこう」という名前でもよいのですが、どこか堅苦しいので、ワクワクする名前にしています。

　世の中でも「中小企業パワーアッププロジェクト」、「子育て支援パワーアッププロジェクト」というものがあります。

　子どもたちはこうした「プロジェクト」となると「頑張ろう」、「やってみよう」と思いやすくなります。

　個人の課題については、学級の全員がそのことについて不得意な訳ではありません。不得意な子もいれば得意な子もいます。こうしたお互いのよさを大切にして、支え合えるようにします。

　また、学級に関する問題であれば、「こうすればうまくいくのではないか」という解決方法を考えます。1つの課題について全員で考えると時間がかかります。そこで、課題ごとにプロジェクトチームをつくります。

チームごとに解決方法を考えて提案し、学級全体で議論することによってよりよい方法を見つけていくことができます。

 ## パワーアッププロジェクトのよさ

　このプロジェクトで大切なのは、自分たちの問題を自分たちで解決しようとすることです。はじめからうまくいくことを目的とはしません。

　自分たちで考えることによって自分事になることが増えます。また、うまくいかないことも他者と協力することによってできるようになることが増えていくことを学ぶこともできます。

　最初は教師がこうした場づくりをしますが、自分たちで「うまくいかない」ことを見つけ出せるようになると、徐々に自分たちで問題について考え解決しようとし始めます。こうした動きが協働性を育てると共に、学級をよりよくする土台となります。

　ポイント 　**自分たちで学級をよりよくする仕組みをつくろう**

授業や学習で
協働性を育てる
仕掛け

ステップ**2**
目的を共有する場をつくる

❶ペア・グループでの 学びの場をつくる

 ## 全体の場で自分の考えを伝えること

　授業では、1人で考えを形成する時間だけでなく、みんなで考えを聴き合って新たなことを発見したり、理解を深めたりする時間があります。こうした「協働」を通して学習する時間の充実が、子どもたちの学習の充実につながります。

　教室全体で「みんなで考えを聴き合う」ことができれば、言うことはありません。一人ひとりが自分の考えを自由に伝えたり、質問したりすることができると、より新たな発見が生まれたり、理解を深めたりすることができるでしょう。

　しかし、いきなり全体の場で互いの考えを聴き合うことは簡単ではありません。自分の考えを表現できる子は、どうしても一部に偏ってしまう傾向にあります。

 ## ペア・グループで考えを聴き合えるようにする

　全体の場で自分の考えを表現することができない理由の1つに「自分の考えに自信がない」ことが挙げられます。「自分の考えなんて……」、「まちがっていたらどうしよう……」という思いが働き、自分の考えを表現することに対して臆病になります。

そこで、適宜ペアやグループで考えを聴き合う時間を設けます。

　全体の場では自分の考えを伝えることが難しくても、近くの人にならまだ伝えやすいものです。こうした場で、少しずつ「自分の考えを他者に伝える」という経験を増やします。

　聴き合う内容については、「今日の自分のめあてを聴き合ってみよう」、「今自分がモヤモヤしていることは何？」、「先ほどの○○くんの考えについて、みんなはどう考える？」など、どんなテーマでも構いません。

　子どもたちの様子を見ながら、「今、ここで互いに考えを聴き合うことで、学習がより深まりそうだな」というタイミングを見計らって、ペアやグループで考えを聴き合う時間を設けます。

◆ 他者と共に学び合う経験を豊かにする

　互いの考えを聴き合う場が全体だけになると、どうしてもお客様になってしまう子が出てきます。もちろん、他者の考えを聴いている中で、自分の考えをめぐらせている子もいるかもしれません。しかし、どうしても他人事になってしまう子も出てくるのが事実です。

　ペアやグループで考えを聴き合う時間を多くつくることによって、自分の考えを伝えたり、相手の考えを聴いたりする機会が圧倒的に増えます。その過程で、自分の考えがどんどん更新されていきます。

　このような場をつくることができるのは教師です。

　はじめは子どもたちだけでうまく考えを聴き合うことはできないかもしれませんが、経験を重ねるにつれて少しずつペアやグループで話し合う時間の過ごし方も上手になってきます。

　「他の人と考えを聴き合うことで学べることが増える」、「自分の考えを伝えるとスッキリする」という経験が生まれると、他の場面でも生かそうとします。「協働」して物事に取り組む土台が生まれます。

ポイント 考えを「伝える」「聴く」場をできるだけ多くつくろう

❷同じところに注目して考えている子同士をグルーピングする

 ## 「同じところに注目して考えている」とは

　自然なペアやグループで考えを聴き合うことも大切ですが、グループの組み方を教師が意図することによって、子どもたちはより学びを深めることができます。その視点の1つが「同じところに注目して考えている子同士をグルーピングする」というものです。

　「同じところに注目して考えている」とは、興味を持ったり注目したりしているところが似ているということです。決して、全く同じ考え方をしているというわけではありません。

　私の学級では、学習において「自分で学ぶ選択をする」ことができる場をつくるようにしています（64〜67ページ参照）。そんな訳で、子どもたちによって追究していることが違うことがあります。

　子どもたちの追究していることは、単元での学習内容に応じていくつかの視点で分類することができます。そこでまずは、同じ分類に入る子同士を同じグループにします。

 ## グルーピングの仕方

　たとえば、国語「大造じいさんとガン」（椋鳩十作）の学習において、初読で生まれた「問い」をもとに、子どもたちによって「大造じいさん

の心情の変化」、「題名の意図」、「最後の一文について」、「情景描写について」……と、追究していることが違うとします。その際、まずは同じテーマで追究している子同士で考えを聴き合えるようにします。

「大造じいさんの心情の変化」について追究した子は、自分なりに「こう考える」、「このように読み取った」というものを持っています。同じテーマであっても、子どもによって注目している文章や考えは少しずつ異なります。

同じテーマで追究したもの同士だからこそ、共通の話題でお互いの考えを比べて聴き合うことができます。「私の考えを聴いてほしい」、「他の人は、どんな風に考えたのかな」と、対話の必然性も生まれます。

中には、似たような考えもあるかもしれませんが、少しずつ違うところがあることに気づくでしょう。「こんな風に読むことができるのか」、「ここの文章には注目していなかったな」と学びを深めることができます。考えを聴き合うことで、同じテーマに対する自分の考えがどんどん豊かになっていきます。

◆ 同じ見方から視野を広げていく

「同じテーマで追究している」ということなので、1つの題材に対する注目の仕方が似ています。だからこそ、子どもたちも無理なく自然に互いの考えを聴き合うことができます。

いきなり違うテーマについて考えたもの同士が集まっても、何について話し合えばよいのかわかりません。それぞれ「自分の考えを発表して終わり」ということに陥ってしまう可能性があります。

同じ見方の中に、違う見方を見つけていくことによって、より深く考えていくことができます。少しずつ視野を広げていく経験は、1人で追究する時にも生かすことができます。

ポイント まずは「同じ見方」に注目してグルーピングしよう

❸違うところに注目して考えている子同士をグルーピングする

「違うところに注目して考えている」とは

　単元全体の学習を考えた時に、先ほどの「同じところに注目して考えている子」同士が集まるだけでは学習内容に偏りが出てきてしまいます。そこで、違うところに注目して考えている子同士をグループにすることを意識します。

　1つのりんごについて考えることを例にします。「同じところに注目して考えている」が、1つのりんごの同じ面を見ている子同士が考えを聴き合うのに対して、「違うところに注目して考えている」は1つのりんごを違う面から見ている子同士が考えを聴き合うことです。

　さまざまな面から見ることによって、またりんごについて考えられることが増えます（この表現、子どもたちの言葉を借りました）。

グルーピングの仕方

　「大造じいさんとガン」（椋鳩十作）の例で言えば、「大造じいさんの心情の変化」、「題名について」、「最後の一文について」、「情景描写について」について追究した子をそれぞれ1人ずつ抽出して、同じグループにします。違うテーマで「大造じいさんとガン」を読み深めていた子同士が互いに考えを聴き合うことによって、作品全体について新たに気づ

くことや考えられることが増えます。

これは知識構成型ジグソー学習法の考えを取り入れています。

まずは、それぞれの視点で読み取った子同士が集まって考えを聴き合い、エキスパート（専門家）になります。

次に、エキスパート同士が集まることによって、作品全体をより豊かに読み深めていくことができるようにしています。

ただし、同じエキスパートでも子どもによって考えていることは違います。そこで、「作品全体をどのように解釈しているか」、「どのような言葉に注目しているか」、「言葉に対する解釈の違いは」、「Ａさんに足りない視点を持っているのはＢさんだな」……といったことを細かく捉えてグルーピングしています。

「何となく」のグループでは、子どもたちも「何となく」しか学べません。しかし、教師が子どもたちの考えていることや理解していることを見取って、足りないことを補い合うようなグループをつくることによって、教材文の大事なところに子どもたちだけで気づいていくことができます。

 ## 違う見方から視野を広げていく

私は、「できるだけ子どもたちだけで学習が進み、理解が深まるような場をつくれないか」と常に考えています。

違う見方を得られるようなグルーピングを意識することで、子どもたちだけでも学べることがどんどん増えていきます。

そのためには、「子ども理解」と「教材理解」が必要になります。

どちらも丁寧に行うことによって、グループでの子どもたちの学び合う様子が変わります。細かい場づくりの仕掛けが子どもたちの協働性を育てることにつながります。

ポイント 「違う見方」が出合うことで視野が広がるようにしよう

ステップ**2**

目的を共有する場をつくる

❹話し合いの中で自然と 生まれた声を拾って価値づける

 ## 話し合いの仕方を教える？

「子どもたちの話し合う力を高めたい」という願いを多くの教師が
持っていると思います。子どもたちの話し合いがうまくいくようになれ
ば、学級全体で考えられることや理解できることが増えます。

ただ、願っているだけで子どもたちの話し合う力は高まりません。

「○○さんといっしょで〜」、「○○さんと違って〜」といった話型が
提示されている教室があります。私も、こうした話型を提示したことが
あります。こうした言葉が頭につくことによって、お互いの考えが重な
り合いやすくなるのは間違いありません。

ただ、大事だからといって、あまりに「こうしましょう」となってし
まうのも考えものです。子どもたちがその言葉を意識しすぎて、不自然
な話し合いになってしまう姿もよく見られます。

 ## 自然と生まれる話し合いをよりよくする言葉

子どもたちがグループで話し合っている様子を聴いていると、自然と
話型で示したくなるような言葉を使っています。

「だって……」（理由、根拠を示す）

「○○さんと似ていて……／違っていて……」（他者の考えとつなげる）
「もう少しくわしく教えて」（相手の考えをさらにくわしく知ろうとする）
「どこからそう考えたの？」（相手の考えの根拠を知ろうとする）
「○○さんはどう考えるの？」（グループのあらゆる人が話しやすい場を
　　　　　　　　　　　　つくろうとする）

……といったようなものです。これらは全てのグループでの話し合いで聞こえてくる訳ではありませんが、**こうした言葉を抽出して子どもたちに「もう話し合いに大事な言葉を自分たちで使っているね」と伝えるだけで、子どもたちはさらに意識しようとします。**

　大切なのは、教師から「こうすることが大事です」と伝えることではありません。子どもたちの自然な姿を価値づけて、広げていくことです。子どもたちの中で自然と「こうすることがよりよくなることになるのだな」と実感できるようにしていきます。

◆ 話し合いの仕方を子どもたちで見つける

　その際、「他にもこうすれば話し合いがよりよくなりそうだなということはありますか？」と問いかけると、子どもたちはこれまでの経験から必要なことを考えようとします。

　「相手の目をきちんと見る」、「考えを比べながら聴く」、「話題を見つける」など、それぞれが「こうすればうまくいく」ということを表現しようとします。

　教師も「こうすればうまくいく」というものを持っているかもしれませんが、子どもたちも持っています。自分たちで見つけたことは、自分たちで大事にしようとします。「自分たちでよりよくしようとする」環境をつくっていくことで、子どもたちの協働性はどんどん育っていきます。

ポイント 子どもたちと共に「話し合い」の力を高めていこう

❺子どもたちの考えの つながりを見つけて価値づける

 ## 子どもたちの考えは実はつながっている

「大造じいさんは、残雪のことを見直したんだと思う」

「大造じいさんは、残雪が仲間を守ろうとするなんて思ってもいなかったんだと思う」

「『ただの鳥に対して』というのは、これまでそう思っていたこととの違いが出ているんだと思う」

　これらは、「大造じいさんとガン」（椋鳩十作）の学習で子どもたちが話し合っている時に出てきた言葉の一部です。決して、もともと自分が考えていたことを発表したという訳ではありません。

　前に話した人の言葉を自分なりに解釈したり、つなげたりしながら考えを伝える姿が見られました。少しずつ「大造じいさんの残雪に対する心情の変化とその理由」についてくわしくなってきています。

 ## どのようにつながりを見つけるか

　子どもたちが話し合っている時に、教師がただ単にぼうっと聴いているだけでは子どもたちの考えのつながりや向かおうとしているところを知ることはできません。

「何を言おうとしているか」ということに注目した上で、子どもたち一人ひとりの考えのつながりや重なりを意識して聴いていきます。

こうしたことを授業中に見つけることはなかなか難しいです。子どもたちの話し合いを録音し、文字起こしをしてふり返ることによって、「あぁ、こんな風につながっていたのか」、「こんなことを言いたかったのか」、「Ａさんの意見は、Ｂさんの意見からきていたのか」ということを後から知ることができました。

こうしたことの積み重ねによって、少しずつその場でつながりを見つけられることが増えてきました。

大事なのは、「子どもたちの考えはつながっている」ことを知るということです。ついつい子どもたちの話をつなげようと、教師がごちゃごちゃ言い過ぎるとややこしくなります。子どもたちの自然な流れを止めるようなことだけはしないでおきたいものです。

子どもたちがつながりを見つけられるようにする

ただ、子どもたちは自分たちの考えのつながりについて意識できていないことが多いので、「Ａくんの意見は、少し前のＢさんの意見とつながっているなぁ」というような声かけをします。

そうすることで、お互いの意見がつながってきていることを子どもたちが実感できるようになります。

こうしたことを積み重ねていくと、少しずつ「○○さんの意見と似ていて……」、「○○さんの意見に付け足しで……」という子が出てきます。

こうした、子どもたちが自分たちのつながりを意識している姿が見られたら見逃しません。価値づけて少しずつ広げていくことによって、「互いの意見をつなげて物事を考えていく」ことが教室の文化になっていくようにします。

ポイント 互いの考えのつながりを見つける力を育てよう

❻子どもたちの考えを比べて話題をつくる

 ## ただ考えが集まるだけでは学ぶことが少ない

　先ほどは、子どもたちの考えのつながりについて書きました。

　教室で多くの子が考えを伝え合っている時には、おそらく同じような考えが集まる訳ではないでしょう。中には子どもによって違う考えも出てきます。

　子どもたちの意見がたくさん集まり、「みんな違ってみんないいよね」だけでは学ぶことが少なくなります。「違いはどこから生まれるのか」、「どのように違うのか」……と考えることによって、視野を広げたり、考えを深めたりすることができます。

 ## 考えを比べて話題をつくる

　「大造じいさんとガン」（椋鳩十作、光村図書、国語五銀河）の、大造じいさんが飛び立つ残雪を見守る姿を表す最後の一文に対して、子どもたちからは、

　「その前に『晴れ晴れとした顔つきで』と書いてあるから、もうすっきりとした思いで見送っていると思う」

　「残雪が元気になってよかったけど、別れに少しさみしさと心配の気

持ちがあると思うからずっと見守っていたんだと思う」

といった意見が出ました（他にもたくさん意見が出ましたが、わかりやすくするためにこの2つを比較しています）。

　子どもたちによって自分なりの読みを表現することは自由です。違いがあるからこそ面白いです。ただ、「自由に言って終わり」だと、結局どう読めばよいのかわかりません。**互いの考えを比べて考えることによって、その場面の様子をより深く理解していくことができます。**

　授業では、この2つの意見をもとにして、「この場面の大造じいさんにさみしさがあるのか」について考えることにしました。単に「さみしさがある」、「さみしさがない」という二項対立の話し合いにするのではありません。

　考えを比べながら話し合うことを通して、改めて最後の一文に込められた大造じいさんの思いや作品全体での大造じいさんの心情の変化について目を向けていきました。

 ## 自然と考えを「比べる」子を育てる

　子どもたち一人ひとりの考えがそれぞれ流れていくだけでは単に「発表会」で終わってしまいます。より深く考えたり理解したりするために、互いの考えを「比べる」ことは欠かせません。

　全体で考えを聴き合う時に、教師が「比べる」ことを重視していると、子どもたち同士で考えを聴き合う時にも「比べる」ことを大切にしようとします。ペアやグループで考えを聴き合う時には、教師がいちいち関与できません。だからこそ、こうしたことを子どもたちとの話し合いを通して少しずつ浸透させていきます。子どもたちのよりよい協働学習を支える仕掛けとなります。

ポイント 考えを比べて深く学び合うことができる力を育てよう

ステップ**3**

ふり返る場をつくる

❼「学び合う」ことについて ふり返る場をつくる

 学習したことのふり返りだけで終わらない

学習の最後にはふり返るということを書きました（72、73ページ）。ふり返ることによって、自分の学んだことを整理したり、改めて考えたり、気になることが生まれたりします。「個」の学びに戻すためにも大切な時間です。

このふり返りの際に、学習内容に関することだけでなく、自分たちの学び方についてもふり返ることができるようにします。

「今日の話し合いでうまくいったこと」
「次はこんなことにチャレンジしてみたい」
「どうすればよい学び合いになるか」

……といったことを考えることによって、子どもたちの聴き合い、学び合いの力が育っていきます。

 子どものふり返りから見えること

右ページは5年生の子のふり返りです。この日は、「自分たちで学び合う時に大切にしたいこと」をテーマにしました。大切にしたいことを自分

自身で持つことによって、グループで学び合う時の過ごし方が変わると考えたからです。

この子は、比べることや互いの思いや理解の度合いを確認することを大切にしようとしています。私自身も日頃から「こうしたこと

> 自分たちで学び合う時に大切にしたいこと
>
> 5年生になって、4年生の時よりも自分たちで話し合って、学ぶということが多くなってきました。私が、自分たちで学び合うときに大切にしたいことは、いろいろあります。例えば、相手の意見と自分の意見を比べながら聞いて、違うところや同じところを見つけるということです。その違いから考えられることがいろいろあります。そして、本当に班のみんなが納得しているのか確かめることも大切です。自分の意見に反対だったら、相手の意見を聞いたりできます。算数などだったら、みんな理解できているかも確かめることが大切です。自分も含めて、問題の解説をお互いしあったり、学習整理をしたりすると、わかったつもりがなくせると思います。これらのことを大切にしながら学び合うようにしたいです。

を大切にしてほしいな」と考えていますが、この子自身が「こうしたことが大切だ」と考えられていることがとても素敵だなと思います。

他の子も、「少数派の意見を大切にしたい」、「全員の考えを聞けるようにしたい」とそれぞれ自分の大切にしたいことを書いていました。一人ひとりがこうした視点を持つことが大切になります。

よりよい学び合いを子どもたちが見つける

毎回、自分たちの話し合い、学び合いについてふり返っていたら大変です。そこで、定期的にふり返る機会を設けます。

ふり返る度に「次はこうしてみよう」、「こうすればうまくいくかも」ということを子どもたちは見つけます。

そこには、教師の「もっとこんな話し合いになればいいのにな」と思っていたことも含まれています。**教師から言われることを守ってきれいな話し合いをするよりも、自分たちでよりよくしていこうという思いを持てるほうが大切です。**子どもたちが試行錯誤する姿を支えることで、「協働」する力が育っていきます。

ポイント よりよい学び方を子どもが見つけられるようにしよう

❽「うまくいかない」場をつくる

「うまくいかない」協働の場面

子どもたちのペアやグループで協働した学習が、いつもうまくいくとは限りません。「うまくいかない」状況に陥っている場面もよく見られます。

- なかなか誰も意見を発さずに沈黙したまま
- 一部の子だけが意見を言っていて、他の人は聴いているだけ
- 意見が対立してしまい、少し感情的になってしまう
- 少数の立場の子の意見が大切にされない

……と、「うまくいかない」にはいろいろな場面があります。こうした場面に出合ったら、みなさんならどのように支援されますか。

「うまくいかない」のは成長のチャンス

たとえば、「なかなか誰も意見を発さずに沈黙したまま」のグループを見かけたら、「○○くんはどんなことを考えているの？」、「今の意見に△△さんはどう感じた？」とファシリテート的な関わりをする人も多いのではないでしょうか。

少しでも沈黙をなくそうとして一生懸命になるのはわかります。

ついつい「どうにかしないと」と思ってしまうのは教師によくあることだと思います。私も状況に応じて、こうした声かけをすることがあります。

しかし、時にはじっと見守ることも大切です。待っていると、ちょっと話し始める子が出てきたり、声かけをしようとしたりする子が出てくる場合があります。

教師から見ると何もしていないように見えても、子どもたちは「どうしようかな」、「ちょっと声を出してみようかな」と考えています。

教師が声をかけてうまくいくことも時には大切かもしれません。ただ、子どもたちが自分たちでどうにかして乗り越えたことから学ぶことは非常に大きいです。「沈黙しているだけでは楽しくないけれども、勇気を出して話し始めることでうまくいくことが増える」ことは、次に同じようなことが起きた時に生かせます。

自分たちで乗り越える力を育てる

その一時の「うまくいく」を目指すのであれば、教師がすぐに声かけすることが必要です。でも、子どもたちが本当に「うまくいく」ようになることを目指すのであれば、「うまくいかない」ことをきちんと経験できるようにすることが大切になります。

子どもたちには力があります。これまで私は「見守る」ことで、たくさんの子どもたちの乗り越える姿を見てきました。逆に、「口を出す」ことによって、たくさんの成長を奪ってしまったこともあります。

「子どもたちの協働性を育てるために必要な手立てとは何か」を考えながら、「すべきこと」だけでなく、「しないこと」を見つけていきたいものです。

ポイント 子どもたちが自分たちで乗り越える力を育てよう

ステップ**3**
ふり返る場をつくる

❾少数の立場の意見を 価値づける

 ## 多数決では決まらない

　子どもたちは何か物事決める時によく多数決という手段を使います。いろいろな立場のアイデアが出た上で、多数決で多くの票が集まったものが採用されるようです。

　もちろん、物事を決める時にずっと話し合っていては埒があきません。多数決で決めないといけないことも出てきます。だからといって、「多いから正しい」という訳ではありません。

　いつも多数決で物事を決めていると、子どもたちは「多いから正しい」という考えを持つようになってしまいます。実際、少数の意見にこそ価値があることも多いのです。それは学習の場面でも同じです。

 ## 少数の意見から見えること

　たとえば、「ごんぎつね」（新美南吉作）を初めて読んだ時に、本文の最後にある「青いけむりが……」という文章表現について気になる子は少ないです。何かしら悲しい気持ちが表現されていることは感じられているようですが、この終わり方や「青」という色に注目している子は少ないです。

　もし、これが多数決の原理で「多いものが正しい」となると、こうし

た少数の子が気づいていることの大切さに目を向けることができません。「別に青色なんて関係ないでしょう」で終わってしまいます。そこで、教師がこうした少数の考えにもきちんと目を向けられるようにする必要があります。

また、少数の立場の意見で、その考えが間違えている場合でも同じです。その考えの根拠を聴いてみると大事なことに気づくことができます。

たとえば、立体の頂点の数や辺の数を考えている時に、「円柱には辺が２つある」と言った子がいました。この理由をくわしく聴いてみると、見取り図にした時の両端の線が辺に見えるとのことでした。中には、展開図にした時のことを話す子もいました。

こうした少数の意見に耳を傾けることによって、「辺とは何か」、「曲面について」、「見取り図と展開図の違い」について深く考えることができました。何となく理解していた子も、考えを聴き合うことでより深く理解することができました。

 ## 「共に考える」ことについて学ぶ

子どもたちだけで協働して学習していると、ついつい少数の意見がないがしろにされたり、間違っている意見が相手にされなかったりすることがよくあります。そうしたグループを見つけて指導しても子どもたちはピンときません。

学級全体で子どもたちと一緒に考える時に、教師が少数の意見を大切にしていると、こうしたことを大切にする意識が子どもたちの中に芽生えます。 さまざまな考えを持つ人同士が「共に考える」ことが子どもたちにとって当たり前になると、ペアやグループでの協働した学習の場でも自然とこうした姿が見られるようになります。

ポイント 本当に一人ひとりの意見を聴ける子を育てよう

ステップ**3**

ふり返る場をつくる

❿子どもの思考を 学習内容とつなげて見取る

◆ 子どもが考えていることを追う

右は子どもた
ちのふり返りが
一覧となってい
るタブレット
PC の画面です。

私は、子ども
たち一人ひとり
が今どんなこと

を考えたり気になったりしているかを知ることを大切にしています。

授業中だけで、子どもたちの考えていることを全て知ることはできません。子どもたちの考えを整理したものやふり返りを見ながら、子どもたちの現在の姿を捉えようとしています。こうしたことを丁寧にすることで、やっと子どもたちの授業での様子を理解したり、よりよい支援について考えたりすることができます。

◆ どんなことに気づいているかを見取る

私が事前に捉えようとしていることは、

- 教材の大事なところにどこまで気づいているか
- 何がわかっていて、何がわかっていないか
- 今、どんなことを知りたいと思っているのか
- どんな知識があれば、次のステップに進めるか
- どのように学習を進めてきているか

……といったことです。こうしたことを頭に入れて、子どもたちの現在地を捉えようとしています。こうやって捉えるからこそ、

- Aさんは○○という視点が足りないから、その視点を持っているBさんと考えを聴き合えるようにしよう
- 今、Cさんが気になっていることは、学級全体の学びを焦点化させるものになるから、授業の始めに全体に紹介しよう
- 学級全体で○○○についての理解があいまいだから、最初にペアでこれについての考えを聴き合えるようにしよう

……といったことを考えることができます。

仕掛けを生み出す土台づくり

　協働性を育てるために必要なのは、やはり「子どもたち一人ひとりをじっくりと観る」という見取りが大切になります。

　また、学習内容とつなげることで、「何が足りないのか」、「どのように力をつけていけばよいのか」、「気づけるようにするためにはどうすればよいのか」を考えることができます。

　協働性を育てる仕掛けは簡単には見つかりません。子どもたちの思考にずっと寄り添う必要があります。そこが面白いところです。

ポイント 子どもたちの思考を追いながら仕掛けを考えよう

第**6**章

教師として
大切にしたい
心構え

❶子どもたちとの毎日を楽しむ

 ## 「子どもたちとの毎日を楽しむ」とは

　みなさんは、子どもたちとの毎日を楽しんでいますか。気づいたら毎日忙しくて「楽しむ」なんて考えられていない方が多いのではないでしょうか。

　「子どもたちとの毎日を楽しむ」ということは、子どもたちと一緒に過ごす日々を充実したものにするということです。やらなければならないことに追われて苦しい日々を過ごすのではありません。

　教師として子どもたちと接するのは当たり前ですが、それだけでなく、人と人として接することができると豊かな時間を過ごすことができます。

　放っておいたら「しんどい」、「大変だ」となってしまう方が多いと思います。だからこそ、あえて「楽しむ」意識を持って子どもたちとの日々を過ごせるようにします。

 ## 教師になって楽しめなかった日々

　教師になって数年間は、毎日うまくいかないことばかりでした。もちろん、経験を重ねるにつれてできることは増えていきました。少しずつ教師としての自信も芽生えてきました。

しかし、子どもたち同士のケンカをうまく仲裁できなかったり、授業でつまらない顔をさせてしまったり……と、やはりできないことの方が多かったです。

できるようになるために、教育書を読んだり研究会に通ったりしてたくさん勉強しました。すると、「こんな教室にしたい」、「こんな子を育てたい」と理想をたくさん持つようになりました。「自律と協働」の姿もその1つです。

自分の理想とするものが増えてくると、またその理想と比べてできていないことが目につくようになりました。「なんでできないんだろう」が自分に向くだけでなく、子どもたちにも向くようになりました。イライラすることや不安が増え、毎日が楽しくありませんでした。

どのようにふり返りの声をかけるか

「楽しむ」ことを意識するようになってから、できないことではなくできるようになったことに目を向けられるようになりました。教師として少しずつできるようになることを楽しんでいきました。

また、子どもたちのことも、できるようになったことに目を向けられるようになりました。ほんのささいな変化を自分の成長のように感じられ、一緒になって喜ぶことができています。

「楽しむ」という意識を持つだけで、自分の心に余裕が生まれます。

余裕を持って子どもたちに接することによって、さらに楽しんで共に過ごすことができるようになります。いいサイクルが生み出されていきます。

自律性と協働性が成長するには時間がかかります。教師が「楽しむ」という心の余裕を持つことによって、子どもたちものびのびじっくりと育っていくことができるでしょう。

ポイント 心の余裕を自分で生み出すことを意識しよう

❷「みんな一緒」を求めない

「みんな一緒」を求めたがる大人

　「個性を大切に」、「多様性のある社会を」という言葉をよく聞きます。こうした一人ひとりの違いが大切にされる社会はとても素敵なことだと思います。

　しかし、実際に学校現場や子どもたちに関わる中で、本当に一人ひとりの違いを大切にできているでしょうか。気づいたら「みんな一緒」を求めてしまっていることがよくあります。

「○○さんを見本にしましょう」
「みんな同じやり方で進めましょう」
「あなたは何で勝手なことをしているの？」

……という言葉を教室で頻繁に使っていませんか。もちろん、こうした言葉が必要な状況もあるかもしれません。共通の土台をつくることによって、学びやすいこともあります。

　しかし、あまりにも「みんな一緒」を求めてしまうのはもったいない話です。このような環境で、子どもたちは自分らしさを出すことなんてできません。

一人ひとり違いがあるからおもしろい

　教室には実にさまざまな子がいます。サッカーが得意な子がいれば、絵を描くのが得意な子、人に優しくするのが得意な子もいます。「これが得意だ」というものは人によって違います。当然のことです。

　また、自分の考えを表現する方法も人によって得意なことが違います。文章に書いて表現するのが得意な子もいれば、声に出すのが得意な子、絵に描いて表現するのが得意な子などそれぞれです。このように、1つのことを細かく見ても違いが表われます。

　みんな同じ特性、同じような性格なんて面白くありません。一人ひとり違うからこそ、互いに刺激を受けたり助け合ったりします。

 ## 違いが大事にされる環境で協働が生まれる

　「みんな一緒」の世界だと1つのものさしで物事が測られるようになってしまいます。そうなれば、その分野で「得意な子」、「得意じゃない子」の2つに分かれるだけになります。「得意じゃない子」には生きにくい世界です。

　また、高学年になればなるほど、自我が発達することによって周りとの違いが急に気になり出します。教師が「みんな一緒」を求めていると、子どもたちは自分の特性を出すことを拒んでしまいます。

　しかし、「みんな違うことが面白い」ということが心から大事にされている環境だと、どの子どもも周りと比べて自分を押し殺すのではなく、自分が持っているものを出そうとします。周りの人と比べて「自分なんて……」と、悩み過ぎる必要もありません。

　よりよい協働はこうした環境で生まれます。互いのよさがかけ合わされるような「協働」の土台をつくることにつながります。

ポイント 一人ひとりの「違い」を大切にしよう

❸子どもたちを「変えよう」としない

◆ 他人は変えられない

「他人と過去は変えられないが、自分と未来は変えられる」という言葉をご存じでしょうか。カナダ出身の精神科医であるエリック・バーンさんの言葉です。私が日々大切にしている言葉です。

過去が変えられないのと同じく、他人を変えることなんて不可能です。おそらく、みなさんもこれまで友だちや家族、職場の人と過ごしてきた経験でわかっていることだと思います。

それにも関わらず、子どもたちを「変えよう」としてしまう先生が多いです。自分の思うように相手をコントロールしようとしてしまいます。でも、結局は変えられないのでイライラしたり、ストレスをためたりすることになってしまいます。

◆「変えよう」としてうまくいかなかった過去

「こんな風に育ってほしい」、「こんな力をつけたい」……といった理想の教育や子ども像が頭にあると、どうしても子どもたちをそちらに向かわせようとしてしまいます。

もちろん、理想があるのは悪いことではありません。理想があるからこそ、前に進むことができます。しかし、その理想ばかりを追い求めて

しまい、目の前にいる子どもたち一人ひとりを見られなくなってしまっては本末転倒です。

　私自身、目の前の子どもたち一人ひとりを見られなくなってしまったことがよくあります。たとえば、学習において子どもたちが「問い」を持つことが大事だと考えた結果、「何とか全員に『問い』を持たせよう」と必死になってしまいました。

　子どもたちの自発的な「問い」が大事だと思っていたはずなのに、無理矢理「持たせる」ようになっていました。子どもたちはプレッシャーを感じてしまったことだと思います。

　これでは自律的に学習を進めることなんてできません。教師が言わなければ「問い」を持たなくなってしまいます。「変えよう」と思った結果、大事なことを見失ってしまいました。

子どもたちの成長を支える

　子どもたちには力があります。放っておいても自然に他者や事物との間で学習を進めていくこともできます。これまで何度もそうした場面を見てきました。

　だからこそ、つい湧き出てくる「変えよう」、「理想の姿に近づけさせよう」という自分のエゴを捨てたいなと思っています。

　なかなか捨て去ることは難しいです。そこで、私は付箋に「変えようとしない」と書いて、教室の机やパソコンに貼ったこともあります。目にして意識できるようにすることで、また子どもたちの自然な育ちを大切にすることができています。

　自分の思うように「変えよう」としないことは、自律性と協働性を育てる教師の土台となる考え方です。こうした教師のもとで、子どもたちは安心して成長することができます。

　ポイント **子どもたちの「育つ」姿を支える教師になろう**

❹基本的に叱らない

 ## よく耳にする「怒る」、「叱る」問題

　よく教師の中で「怒ると叱るは違う」、「怒ってはよくないけれども叱るのは構わない」、「叱らないほうがよい」という話を聞きます。「結局どうすればいいの？」と悩まれている先生も多いのではないでしょうか。

　ひとまず、「怒る」、「叱る」の言葉の意味を調べてみました。

怒る→①腹を立てる。立腹する。いかる。②しかる（動詞「おこる」は
　　　自動詞で、「……をおこる」とは言えない。）
叱る→①相手のよくない言動をとがめて、強い態度で責める

（大辞林）

とあります。言葉の意味を捉えた上で、日頃子どもたちに行っていることは「怒る」、「叱る」、「どちらでもない」のどれでしょうか。

　「子どもたちの成長のために必要な支援とは何か」をもとに、どの行動が必要なのかを考えたいものです。

 ## 「叱る必要性があるのか」という問い

　もちろん、他人を傷つけたり、いじめが起こったりすれば厳しく話を

しなければいけないこともあるかもしれません。ただ、それ以外の場面で本当に叱る必要性があるのでしょうか。

「宿題を忘れた」、「授業に集中できていない」、「掃除をサボっている」、「ケンカをした」……というような場面で、教師が子どもたちを叱る姿がよく見られます。私自身も昔はこうした場面でよく子どもたちを叱っていました。

「大事なことをわかるようにしないと」、「子どもたちの心に響かせないと」……といった思いはわかります。けれどもそれらは教師のエゴにしか過ぎません。子どもを「変える」意識が強すぎる結果、こうした指導になってしまいます。

それよりも「どうしたの？」、「何があったの？」と現状を聞いたり、「どうすればよかったかなぁ？」、「次どうしよう？」と原因を一緒に分析したり、次の方向性を子どもたち自身が考えられるようにすれば、教師が叱る必要なんてありません。

子どもたちが「変わる」きっかけづくりを大切にします。

叱らないからこそ生まれるつながり

叱ることが増えると、子どもたちは叱られないように行動するようになります。また、他者の失敗や気になることについてついつい厳しくなってしまいがちです。

一方で、教師が叱らず、自分たちで考えられるような環境をつくっていくと子どもたちはお互いのことに寛容になっていきます。「次はこうすればいいかも」、「まぁこういうときもあるよね」と、温かい関係性が生まれます。長い目で子どもたちの自律性と協働性の成長を考えた時、「叱らない」は大きな仕掛けの１つとなります。すぐ「叱る」に逃げない支援の在り方を追究していきたいものです。

ポイント **子どもが「変わる」きっかけづくりを大切にしよう**

❺「ありがとう」を伝える

「ありがとう」とは？

　最近、みなさんは誰かに「ありがとう」という思いを伝えましたか？「ありがとう」という言葉は、「有り難い」から来ています。「有り難い」とは、「有ることが難しい」、めったにないことを表しています。

　身のまわりに起こる1つひとつの物事に対して、「当たり前」と捉えるのではなく、「有り難い」と気づくことで感謝の気持ちが生まれます。「ありがとう」という言葉も自然と出てくるでしょう。

　これは、決して「言わなくてはならない」義務的な言葉ではありません。子どもたちに「『ありがとう』を言いましょう」、「『ありがとう』は大切です」と押しつけるのは言語道断です。

学級に起こる多くの「ありがとう」

　学校で子どもたちが生活している中でも、たくさんの「ありがとう」が生まれるはずの場面があります。

- ノートやプリントを配る
- そうじのぞうきんバケツの後片付けを行う
- 給食台の整理整頓を行う

・わからない問題の解き方を教えてくれる

……と、どれも当たり前ではない行動ばかりです。「相手のために」、「学級全体のために」との思いから生まれる他者の行動に対して、子どもたちはどのような反応しているでしょうか。

　もし、「やってもらって当たり前」のような態度で過ごしているのであれば、非常にさみしい話ですよね。こうした些細な行動に「有り難い」と気づくことができるかどうかは、他の行動にも大きく影響します。

「ありがとう」を大切にできる関係性をつくる

　まずは教師自身が「ありがとう」と伝えることを大切にします。

　ただし、子どもたちに「ありがとう」を押し付けるような言い方はしません。心の底から「有り難いなぁ」と思う気持ちを素直に発するようにします。

　子どもたちは教師の姿を見ています。教師がこうしたことを大切にしていると、これまで大切にできていなかった子も意識し始めます。

　「ありがとう」という言葉や思いが教室に少しずつ広がります。

　「ありがとう」は自分と他者とをつなぐ言葉です。

　子どもたちが自然と使えるようになると、お互いに相手を大切にできるようになります。

　また、多少嫌なことや困ったことがあったとしても、許すことができます。なぜなら、それ以上に助けられたり支えられたりしていることをきちんと理解しているからです。

　こうした人として基本的なことが、協働性を育てます。当たり前に大事なことを本当に大事にできるように、教師ができることを見つけていきましょう。

　ポイント 感謝の気持ちを常に忘れないようにしよう

❻ 1日の最後にふり返る

ふり返ることが大切なのは教師も同じ

　「ふり返ることが大切だ」ということについては38〜41ページに書きました。ふり返りが大切なのは、子どもたちだけではありません。むしろ教師こそ日々ふり返る必要があると考えます。

　なぜなら、教師としての支援・指導方法には「これが正解」というものがないからです。日々、試行錯誤していくことによってよりよい支援・指導を見つけていくことができます。

　もし、ふり返りをせずに毎日を過ごしていると、「何となく」の感覚で行動することが増えてしまいます。うまくいかないことがあってもそのままになってしまったり、違った方向性のまま突き進んでしまったりします。

　ふり返ることで「ここがうまくいっていないな」、「次はこうしてみよう」……と考えられると、目的を持って行動することができます。また、絶えず修正しながら進むこともできます。

どのようにふり返るか

　私は、タブレットPCのノートアプリに書き込みながらふり返ることが多いです。これまで、紙のノートや音声入力でふり返ることもしてき

ましたが、今はこの方法に落ち着いています。

　日々ふり返るテーマを決めているわけではありません。１日の中で、自分の心にモヤっと引っかかったことをもとにふり返っています。

　子どもたちの「自律と協働」の成長を目指しているので、こうしたことに関わる内容が多いです。

　引っかかったことに対して、自分の考えていることを書き出したり、ここからどのように行動していくかを考えたりします。書く前はモヤモヤしていることが多いですが、書くことですっきりします。

　一度ふり返ったものを見返すこともあります。「１ヵ月前はこんなことを考えていたのか」と思い出すことで、また目の前の子どもたちに向けてできることを考えることができます。

◆ ふり返ることによって、よりよい支援を考えられる

　ふり返ったからといって、すぐに何かできるようになるわけではありません。ただ、ふり返らないとまた同じ行動を繰り返してしまったり、モヤモヤしたまま心にため込んでしまったりします。

　どんなことでも「よりよい」ことを探していくためには、試行錯誤が必要となります。その試行錯誤にふり返りを欠かすことはできません。ふり返って自分を見つめ直すことによって、新たな自分をつくり出すことができます。

　教師自身がこうした経験をするからこそ、子どもたちにもふり返りのよさを伝えたり、ふり返りが子どもたちの成長につながるように支援したりすることができます。

　ただし、無理してふり返っても自分のためにはなりません。それは子どもたちと一緒です。ふり返る目的や意義を実感することができると、一気にふり返りが進化します。

ポイント **自分のモヤモヤをもとにふり返ろう**

おわりに

　本書を最後までお読みいただき、ありがとうございました。どのようなことを感じられたでしょうか。「これは私も意識していたなぁ」、「書かれていたことを明日から実践してみよう」、「これって本当にうまくいくのかな？」など、みなさまの心の中に、感じたことや考えたこと、気になったことが何か1つでも生まれていればいいなと思います。

　ここから、「次はこうしてみよう」、「今やっていることで大事なことを継続していこう」と次の行動につながります。子どもだけでなく、大人も「選ぶ」、「決める」過程で自律性や協働性が育ちます。

　私自身、日々試行錯誤の連続です。「この仕掛けがあれば絶対に大丈夫」などというものはなく、「どうすればより子どもたちが生きて学べるか」、「自然と学び合うためにできることは何か」と子どもたちにとってよりよい仕掛けを探し続けています。

　正解やゴールがないのがこの仕事の面白さですよね。子どもたち、周りの先生方、家族、つながりのある人たち……など、関わる全ての人から学び続けていくことを楽しんでいきたいと思います。

　今から10年後、世の中はどのようになっているでしょうか。まだまだわからないことが多いからこそ、「今」を大切にして子どもたちと毎日を過ごしていきたいです。そんな中で、読者のみなさまとも、よりよい教育を共に追究していければいいなと思います。

　最後になりましたが、本書出版に対してお声かけいただき、最後までお力添えいただいた学陽書房の河野史香さんには大変お世話になりました。この場を借りて心よりお礼申し上げたいと思います。

2021年8月吉日

若松　俊介

参考文献

＊木下竹次著、中野光編世界教育学選集 64『学習原論』明治図書、1972 年
＊大村はま『新編　教えるということ』ちくま文芸文庫、1996 年
＊重松鷹泰『個性の見方・育て方：事例』第三文明社、1994 年
＊キャロル・S・ドゥエック著、今西康子訳『「やればできる！」の研究——能力を開花させるマインドセットの力』草思社、2008 年
＊ピーター・M・センゲほか著、リヒテルズ直子訳『学習する学校——子ども・教員・親・地域で未来の学びを創造する』英治出版、2014 年
＊ジェーン・ネルセンほか著、会沢信彦訳『クラス会議で子どもがかわる——アドラー心理学でポジティブ学級づくり』コスモスライブラリー、2000 年
＊エドワード・デシ／リチャード・フラスト著、桜井茂男監訳『人を伸ばす力——内発と自律のすすめ』新曜社、1999 年
＊平野朝久『はじめに子どもありき——教育実践の基本』学芸図書、1994 年
＊今井鑑三『子どもが生きているか』今井鑑三遺稿集編集委員会、1993 年
＊ジェニ・ウィルソン他著、吉田新一郎訳『「考える力」はこうしてつける』新評論、2004 年
＊杉江修治『協同学習入門——基本の理解と 51 の工夫』ナカニシヤ出版、2011 年
＊ジョージ・ジェイコブズ、マイケル・パワー、ロー・ワン・イン著、伏野久美子、木村春美翻訳、関田一彦監訳『先生のためのアイディアブック——協同学習の基本原則とテクニック』日本協同教育学会、2005 年
＊ジョンソン，D.W・ジョンソン，R.T・ホルベック，E.J 著、石田裕久・梅原巳代子訳『学習の輪——学び合いの協同教育入門 改訂新版』二瓶社、2010 年
＊ケルビー・バード著、牧原ゆりえ、北見あかり訳、山田夏子監訳『場から未来を描き出す——対話を育む「スクライビング」5 つの実践』英治出版、2020 年
＊苫野一徳『教育の力』講談社現代新書、2014 年
＊岩瀬直樹、ちょんせいこ『信頼ベースのクラスをつくる　よくわかる学級ファシリテーション①　かかわりスキル編』解放出版社、2011 年
＊鈴木義幸監修、コーチ・エィ著『新版 この 1 冊ですべてわかるコーチングの基本』日本実業出版社、2019 年
＊ジョセフ・オコナー、アンドレア・ラゲス著、杉井要一郎訳『コーチングのすべて』英治出版、2012 年
＊片山紀子編著、若松俊介著『『深い学び』を支える学級はコーチングでつくる』ミネルヴァ書房、2017 年
＊片山紀子、若松俊介『対話を生み出す 授業ファシリテート入門——話し合いで深い学びを実現』ジダイ社、2019 年
＊若松俊介『教師のいらない授業のつくり方』明治図書、2020 年
＊若松俊介『教師のいらない学級のつくり方』明治図書、2021 年

著者紹介

若松 俊介（わかまつ・しゅんすけ）

大阪教育大学小学校教員養成課程教育学コース卒業。大阪府の公立小学校で5年間勤務。現在，京都教育大学附属桃山小学校教諭。「国語教師竹の会」事務局。「授業力＆学級づくり研究会」会員。「子どもが生きる」をテーマに研究、実践を積み重ねている。著書には、『教師のいらない授業のつくり方』（明治図書）、『教師のいらない学級のつくり方』（明治図書）などがある。

子どもが育つ学級をつくる「仕掛け」の技術

3つのステップで、自律と協働を！

2021 年 8 月 24 日　初版発行
2022 年 1 月 28 日　3 刷発行

著　者――――若松 俊介

発行者――――佐久間重嘉

発行所――――学 陽 書 房
　　　　　　　〒 102-0072　東京都千代田区飯田橋 1-9-3
営業部――――TEL 03-3261-1111 ／ FAX 03-5211-3300
編集部――――TEL 03-3261-1112
　　　　　　　http://www.gakuyo.co.jp/

ブックデザイン／佐藤博　　カバーイラスト／ PIXTA
DTP 制作／越海辰夫　　印刷・製本／三省堂印刷